Leandro
Konder

Memórias de um intelectual comunista

CIVILIZAÇÃO BRASILEIRA
Rio de Janeiro
2008

CIP-BRASIL. CATALOGAÇÃO-NA-FONTE
SINDICATO NACIONAL DOS EDITORES DE LIVROS, RJ

K85m Konder, Leandro, 1936-
Memórias de um intelectual comunista / Leandro Konder. – Rio de Janeiro: Civilização Brasileira, 2008.
il.

ISBN 978-85-200-0865-2
1. Konder, Leandro, 1936- . 2. Comunistas – Brasil – Biografia. I. Título.

08-4309 CDD 920.933543
CDU 929:330.85

Capa e projeto gráfico de miolo: Leonardo Iaccarino
Fotos do miolo: acervo do autor

Direitos desta edição adquiridos pela
EDITORA CIVILIZAÇÃO BRASILEIRA
Um selo da
EDITORA RECORD LTDA.
Rua Argentina 171 – 20921-380 – Rio de Janeiro, RJ – Tel.: 2585-2000

PEDIDOS PELO REEMBOLSO POSTAL
Caixa Postal 23.052 – Rio de Janeiro, RJ – 20922-970

Impresso no Brasil

"Dedico este livro àquela que tem sido a companheira maravilhosa dos últimos trinta anos: minha mulher, Cristina."

introdução

Hesitei muito antes de tomar a decisão de escrever estas *Memórias*. E tive muita dificuldade na escolha do título do livro: *Memórias de um intelectual comunista*.

Desconfio da vaidade que fica embutida na autocaracterização dos intelectuais como intelectuais. O que é, afinal, um "intelectual"? O que o distingue dos que não são intelectuais? O intelectual é alguém que pensa melhor que os outros? Quando a gente vê a quantidade de besteiras que muitos intelectuais já disseram e fizeram, torna-se impossível sustentar essa pretensa superioridade de pensamento.

Afastada, então, a explicação envaidecedora que atribui aos intelectuais uma competência reflexiva própria da sua condição, volta a pergunta: o que é um intelectual?

O intelectual marxista Antonio Gramsci propôs um critério baseado na função social. Intelectual é aquele que adquiriu conhecimentos que o capacitam para desempenhar determinadas funções nos movimentos culturais.

Assim como o cozinheiro sabe cozinhar, a costureira sabe costurar, o metalúrgico sabe trabalhar com metais, o intelectual adquiriu determinados saberes que a sua sociedade reconhece como necessários.

Espera-se de um intelectual que ele tenha competência no seu campo específico de atuação — no âmbito da filosofia, da teoria política, da história, da economia, dos fundamentos da psicologia e da ética —, dando aulas, escrevendo, pesquisando.

Dá-se por suposto que o intelectual domina a parte técnica das disciplinas científicas que mapeiam o campo em que se move. A riqueza dos conhecimentos estritamente científicos, entretanto, não faz do cientista, por si mesmo, um intelectual. O intelectual, na nossa cultura, é alguém de quem se espera que possa problematizar os métodos, as razões e os procedimentos usuais na abordagem das questões por ele examinadas.

Além da referência à função social, Gramsci aponta uma exigência de nível da formação para a caracterização do intelectual. Quase todo mundo é capaz de fritar um ovo, mas essa competência não faz da pessoa, automaticamente, um cozinheiro.

O intelectual pode ser burro, preconceituoso, safado, porém há de ter tido um aprendizado que, em princípio, deveria prepará-lo para argumentar com mais consistência, para lidar com questões teóricas, sabendo (ou acreditando saber) do que tratam.

A classificação de intelectual pode dar prestígio, mas traz também certa responsabilidade. Cobramos de um *chef de cuisine* bem mais que de um amigo de boa vontade que se dispõe a fritar um ovo para nós.

Recorrendo à comparação feita pelo pensador italiano, posso dizer, num momento de delírio, que faço uma omelete mais saborosa que a do *chef* do restaurante La Trattoria; mas ele é cozinheiro, domina o seu campo de atuação. Eu, não.

Nesse sentido, compreendida a palavra "intelectual" na acepção gramsciana, posso reconhecer minha condição de intelectual sem cometer a tolice de me envaidecer com ela.

Outro termo que me incomodou um pouco no título do livro: comunista.

O que é ser comunista hoje? É acreditar numa ressurreição da União Soviética? É hibernar numa gruta, feito um urso-polar, esperando que venha uma revolução apocalíptica? É declamar a cada conflito, a cada negociação, a cada surpresa da política, algumas palavras do velho Marx, transformado em criador de uma doutrina que tem respostas para todas as questões, até mesmo aquelas que ainda não apareceram?

Ser comunista não é repetir no século XXI propostas programáticas e juízos políticos formulados por Marx no século XIX.

Os comunistas, desde os tempos de Graco Babeuf, já reformularam várias vezes seus programas políticos. Um programa político que é sistematicamente reapresentado ao longo de mais de duas ou três décadas, sem alterações significativas, torna-se uma monstruosidade.

Nunca pretendi me dedicar profissionalmente à política, por isso não estudava as modificações programáticas das organizações comunistas (nem as da organização a que eu estava ligado, o “Partidão”).

Não era sinal de pouco-caso. Era uma conseqüência da minha convicção juvenil de que outros companheiros deveriam se preparar para assumir o poder e governar o país, enquanto eu me concentraria no trabalho intelectual, na análise, na reflexão e na crítica cultural.

Assim, me tornei comunista com aproximadamente 15 anos de idade. Uma opção que precisou ser refeita várias vezes ao longo da minha vida. Ao longo de mais de 55 anos de militância.

Uma aposta filosófica na capacidade, que os seres humanos ainda mostrarão, de superar o capitalismo, de edificar uma sociedade mais justa, mais livre e mais feliz.

Procurei ler os livros que alguns comunistas brasileiros escreveram e publicaram, dando testemunho de suas trajetórias. Um deles — *Rabo de foguete* — contém o depoimento de um grande poeta, Ferreira Gullar, que conta a sua luta na clandestinidade e a sua amarga experiência do exílio. O crítico chamou a atenção dos leitores para a excepcional dignidade do autor.

Outro livro autobiográfico é o do teatrólogo Dias Gomes, autor de novelas que fizeram enorme sucesso na televisão: *Apenas um subversivo*. O título já dá idéia do tom irônico adotado na evocação do passado.

Mais impregnadas de tristeza são as recordações do ex-deputado federal Marco Antonio Tavares Coelho, enfeixadas no volume intitulado *A herança de um sonho*. A dolorosa experiência da prisão e da tortura não impediu que o autor mantivesse a serenidade em seu relato.

Muito emocionante é o livro *Memórias* (dois volumes) de Gregório Bezerra, que o autor — homem de encantadora modéstia — redigiu para cumprir ordem da direção do seu partido (o PCB). Dele disse o poeta Ferreira Gullar: "feito de ferro e de flor".

Também Geraldo Rodrigues dos Santos, o "Geraldão", sindicalista, com a ajuda do professor Lincoln Abreu Penna, publicou seu depoimento: *A trajetória de um comunista*, contando algumas das suas experiências, vividas na dupla condição de comunista e negro.

Wladimir Pomar fez uma pesquisa importante a respeito de seu pai, Pedro Pomar, dirigente do PCB, que saiu do partido e fundou o PCdoB. O resultado da minuciosa e persistente investigação foi publicado no livro *Pedro Pomar, uma vida em vermelho*. Não é uma autobiografia, mas é uma biografia na qual o biógrafo se identifica bastante com o biografado. Forte identificação também se verifica no livro que Maria da Conceição Pinto de Góes dedicou à *Aposta de Luiz Ignácio Maranhão Filho, cristãos e comunistas na construção da utopia*.

Li, ainda, *O caso eu conto como o caso foi*, do crítico literário pernambucano Paulo Cavalcanti, autor de um ensaio premiado sobre *Eça de Queiroz — agitador no Brasil*, ativista destacado do PCB, personagem respeitado por quase todos os participantes da vida político-cultural nordestina.

E li mais: *Combates e batalhas*, de Octavio Brandão, farmacêutico alagoano, personalidade carismática, principal teórico do PCB nos anos 1920, introdutor da expressão "marxismo-leninismo" nos debates brasileiros. Sua preocupação com a objetividade era tão grande que ele fala do que fazia na terceira pessoa: "o revolucionário disse", "o poeta se emocionou" etc.

Outra autobiografia se intitulava *Uma vida em seis tempos*, de Leôncio Basbaum, de uma família de judeus pernambucanos. O livro expõe recordações comprometidas com o que o autor chama de "lado humano da atividade revolucionária". Fazendo o balanço de seus 32 anos de militância, Basbaum escreveu: "Acreditava sinceramente estar ajudando o Brasil e o povo brasileiro (...) a libertar-se do estado de subdesenvolvimento em que vivia."

Meu irmão, Rodolfo Konder, que foi comunista e rompeu com o partido, realizou um esforço considerável na tentativa de revisitar no presente o caminho percorrido, à luz de suas atuais convicções liberais: em seu livro, intitulado *Agonia e morte de um comunista*, ele reúne parte da sua vasta produção jornalística já publicada (44 artigos, que vão de 1968 até 2004, com uma boa série de fotos). O juízo que Rodolfo emite sobre o passado é uma condenação global categórica do movimento comunista. "Os comunistas brasileiros", escreve, "tinham um sonho, que se transformou em pesadelo."

João Falcão publicou *O Partido Comunista que eu conheci*. É um elenco de fatos que não chegam a ser propriamente questionados. De passagem, fala-se de um jovem comunista (Ignácio Rangel) que, ao lamentar o baixo nível teórico dos militantes, ouviu do dirigente Diógenes Arruda a informação de que "para a teoria nós já temos o Prestes".

A literatura sobre os comunistas brasileiros já é bastante vasta.

Não tenho a pretensão de tê-la esgotado, mas tenho procurado lê-la e me manter informado. Nos anos em que me preparei para redigir minhas memórias, entretanto, dediquei uma atenção especial às autobiografias, para ver como os autores enfrentavam os problemas que eu ia defrontando.

Nem todas as autobiografias tinham interesse específico para os objetivos que eu procurava alcançar. O escritor Jorge Amado, por exemplo, embora tenha sido comunista, escreveu um alentado livro de memórias (*Navegação de cabotagem*), no qual, evocando fragmentariamente episódios das suas andanças pelos espaços do movimento comunista, evita refletir sobre sua participação nos acontecimentos.

A ausência de reflexão confere leveza ao texto, porém lhe tira a densidade que poderia enriquecer a aventura da lembrança casual, transformando-a em um exercício de "rememoração" (no sentido conferido a esse termo por Walter Benjamin).

Agora, no título do meu livro, é a palavra "Memórias" que mostra seu caráter problemático.

Rememoro o que vem do passado e invade o presente. Ouvimos as vozes dos lutadores que nos precederam e foram banidos da história. Não há como escaparmos à derrota se não recuperarmos o sentido das mensagens que eles nos enviaram e estão perdidas no espaço. Temos que nos apoiar na frágil energia messiânica de que dispomos. "Convencer é infecundo."

Concordo com Walter Benjamin: não pretendo converter ninguém. E descubro que, além de Benjamin, posso contar também com o escritor carioca Marques Rebelo, que escreveu: "Ninguém convence ninguém. Quem se deixa convencer, já estava convencido."

Não prego nada, não converto ninguém. Gostaria apenas de ter algum espaço para minhas opiniões, de modo a permitir que elas sejam civilizadamente toleradas, junto às opiniões dos outros.

nascimento

Durante muito tempo, achei que tinha nascido no dia 3 de janeiro de 1936. Um dia, meu filho, Caíto, que devia ter uns 8 anos, estava fazendo um horóscopo chinês e perguntou à minha mãe em que ano eu nascera, e ouvi quando ela respondeu: 1935. Estranhei a informação. Foi então que ela me contou a verdade: eu nasci, de fato, no dia 31 de dezembro de 1935, às 23h30. Perplexo, indaguei por que ela nunca me havia dito isso. E minha mãe, candidamente, alegou: "Você nunca perguntou..."

O final daquele ano, 1935, não foi, para meus pais, um réveillon alegre. Meu pai — Valério Konder — teve um envolvimento indireto com os revoltosos de novembro de 1935, por meio da experiência da União Trabalhista do Distrito Federal, lembrada nas memórias do educador Paschoal Lemme e no livro *Saúde pública*, de Sarah Escorel (Relume-Dumará). Meu pai participou de um grupo de estudos que se dispôs a ler *O Capital*, de Marx; e essa busca de conhecimento era considerada na época uma atividade subversiva. Faziam parte do grupo, além de Paschoal Lemme, Xavier de Araújo, Alberto Carneiro Leão e Evandro Pequeno. Ao que tudo indica, não terminaram a leitura do livro.

Yone Konder (mãe) com 14 anos.

Celso Kelly — que desempenhava função importante na política educacional do Rio — apresentou meu pai a minha mãe. Os dois acabaram se casando. Os recém-casados moravam numa casa alugada, na Urca, na rua Cândido Gaffré, 115. Avisado por um amigo de que ia ser preso, meu pai tentou escapar com minha mãe, grávida, mas ela sentiu que o bebê ia nascer. O casal foi para uma clínica em Petrópolis e o dr. Valério foi preso.

Um certo sentimento de culpa, que tem me acompanhado ao longo da minha vida, vem com certeza desta constatação: ao nascer, empurrei meu pai para uma temporada de um ano e meio na cadeia.

Como meu pai tinha sido preso e minha mãe estava doente, quem foi me registrar foi minha avó materna, apelidada dona Zazinha, uma senhora meio impaciente, que tinha olhos profundamente azuis. Por razões que nunca foram bem apuradas, dona Zazinha me registrou como nascido em 3 de janeiro de 1936. Brincando, comentei uma vez com uma senhora, amiga da minha família, que talvez essa confusão em torno do dia, do mês e do ano do meu nascimento fosse um castigo que me tinha sido aplicado pelo destino. Envergonho-me de ter dito isso, pois a pessoa que ouviu o comentário levou a coisa a sério e ficou muito impressionada.

Minha mãe, muito jovem e inexperiente, recolheu-se à casa dos pais dela, José Maria Coelho, médico da Central do Brasil, e Maria Marques Coelho (Zazinha), dona-de-casa. Moramos em Barra do Piraí durante mais de um ano, enquanto meu pai permanecia preso a bordo do navio *Pedro I*.

infância

Depois que meu pai foi solto, em julho de 1937, sem ter sido sequer processado, ainda moramos durante alguns meses no Rio, mas logo o dr. Valério — aprovado em concurso para o serviço público — foi mandado para o Norte e para o Nordeste do país. A família estava instalada em Natal, no Rio Grande do Norte, quando surgiram dificuldades nas relações entre os profissionais da saúde pública, brasileiros, e os militares norte-americanos da base instalada no local pelos Estados Unidos em função da guerra contra o nazifascismo. Para evitar atritos na inspeção dos aviões, decidiu-se enviar dois médicos sanitaristas nossos para trabalhar na base que os norte-americanos mantinham na África: o dr. Valério e o dr. Mário Magalhães da Silveira.

Há uma historinha desse período africano que eu lembro com orgulho: meu pai, para simplificar o cotidiano, usava a farda comum dos soldados estadunidenses. Um dia, um oficial novo, que não o conhecia, passou por ele; e o dr. Valério, sentado como estava, ignorou a passagem do outro. O oficial, então, o interpelou: "*Hey, soldier, why didn't you salute me*?" (Ei, soldado, por que você não me fez continência?). E meu pai respondeu: "*Because I'm not of the saluting kind*" (Porque eu não sou da espécie dos que fazem continência).

Yone e Leandro

(com pouco mais de 1 ano).

Voltemos, contudo, ao período nordestino. Em Natal, em 5 de abril de 1938, nasceu meu irmão, Rodolfo. Então minha mãe, Yone, já com dois filhos, voltou para o Rio e nos instalamos numa casa que pertencia ao meu avô materno, dr. José Maria Coelho, em Copacabana, na rua Constante Ramos, 35.

Ainda que confusas, as lembranças mais antigas que tenho estão ligadas a essa casa. Não me lembro de nada antes da casa de Copacabana. Nela, recordo um terraço com roupas lavadas penduradas em um varal. À noite: meu irmão e eu morrendo de medo, pensando que eram fantasmas. Nela, recordo meu pai me mandando voltar à rua para revidar a agressão que eu havia sofrido da parte de um menino chamado Bruce. Nela, também, decidiram me matricular no Colégio Mello e Souza, que acabou sendo a única escola que freqüentei, durante 12 anos, do primeiro ano primário ao terceiro ano colegial (clássico), quer dizer, de 1941 até o final de 1953.

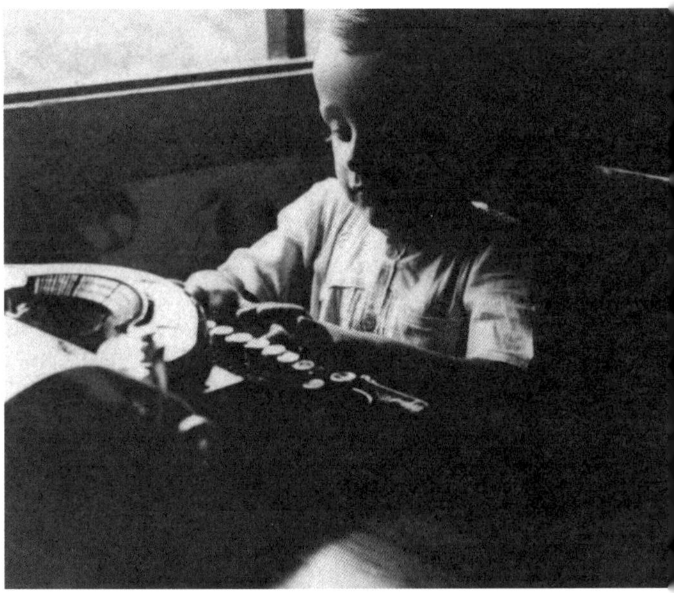

Leandro, aos 3 anos, batendo à máquina de seu pai, Valério.

Dr. José Maria Coelho

(avô materno).

Dona Sinhá

(avó paterna).

Lembro-me bem de meu pai marcando num grande mapa, no final da guerra, com tinta vermelha, os avanços do exército da União Soviética. Ainda em 1944, mudamo-nos para uma casa (também pertencente ao meu avô) na rua Teixeira de Melo, 20, em Ipanema. Mas a lembrança mais nítida que tenho desse período é a de meu pai nos perguntando, a mim e ao meu irmão, se concordávamos com o fato de ele e minha mãe "encomendarem" um novo irmãozinho ou uma irmãzinha. Nossa concordância passou por uma momentânea hesitação, mas foi sincera. E em 15 de novembro de 1944 nasceu minha irmã, Luiza.

Em janeiro de 1948, morreu meu avô, um homem bom, piedoso, católico praticante, admirador de dom Leme (o cardeal), um avô que me revelou os encantos das corridas de cavalos e me estimulou a estudar latim. Lembro-me de ter visto na estante dele algumas dezenas de volumes de autoria de José Maria Coelho, com o título *Palestras e conferências*; achei que em cada volume estavam novas palestras e novas conferências, admirei a vasta produção literária do avô conferencista, mas logo me decepcionei: eram exemplares encalhados do mesmo livro.

Pouco antes da morte de meu avô, tínhamos nos instalado num apartamento tipo casa, na rua Nascimento Silva, 87. Ficava no térreo, tinha quatro quartos, duas salas, dependências de empregada, um jardinzinho na frente, um pequeno quintal nos fundos. Foi uma mudança alegre, morar na casa da avó materna estava se tornando desgastante para a avó e para nós, então trocamos o convívio cotidiano com dona Zazinha pela aproximação com dona Sinhá, Maria Corina Konder, minha avó paterna.

Dona Sinhá morava na casa ao lado: rua Nascimento Silva, 91. Infelizmente, a alegria durou pouco: dona Sinhá morreu ainda em 1947, quando meu pai estava a serviço da UNRRA (Union of Nations Relief

Rodolfo (1 ano) e Leandro (3 anos) .

and Rehabilitation Act), na Grécia. Dona Sinhá tinha olhos verdes muito claros, um olhar enérgico, uma personalidade fortíssima. Nela se combinavam inquietações religiosas e uma inabalável solidariedade ao movimento comunista. Em seus últimos anos, era adepta da Rosa-cruz e contribuía para o Socorro Vermelho. Luiz Carlos Prestes — foi quando o vi pela primeira vez — fez questão de comparecer ao velório.

Ipanema, em torno de 1950, era um bairro tranqüilo. Tinha um número de casas muitíssimo superior ao de prédios com apartamentos. Na rua Nascimento Silva, no quarteirão onde morávamos (que depois se tornaria famoso graças a Tom Jobim, morador da Nascimento Silva, 107), havia uma "cabeça-de-porco", como se dizia na época, isto é, uma "vila" onde moravam pessoas pobres. Meu irmão e eu logo nos tornamos amigos de alguns dos meninos dessa "vila". Lembro-me de Milton, que foi apelidado "Padre" porque, segundo me contaram, uma vez, diante de um passarinho ferido capturado, teria manifestado certa piedade pela ave. "Padre" era capaz de arrotar toda a primeira frase do Hino Nacional.

Lembro-me de Artur, e de Zé Cavalão, que se orgulhava de ter aprendido seu nome em inglês: "Jô Big Horse". E me lembro também dos irmãos Bebeto e Joaquim, que esbanjavam talento nos jogos de futebol na areia. Fiquei bastante grato a eles quando, jogando como zagueiro, errei uma cabeçada e marquei um gol contra. Embora não fossem muito chegados a delicadezas, os dois irmãos tiveram a gentileza de permanecer calados. Joaquim, diga-se de passagem, tinha um furo na bochecha e, mediante uma pequena gorjeta, fumava um cigarro e punha fumaça pelo buraquinho.

Outros meninos vizinhos participavam da nossa turma. Havia o "Zé Palito", filho do zelador do pequeno prédio construído ao lado da nossa casa (no andar térreo morava o crítico literário Waldemar Cavalcanti). E havia Ivan Junqueira, que já naquele tempo escrevia poemas, que ainda não eram as magníficas realizações poéticas com que mais tarde encantaria seus leitores, porém já continham alguns versos notáveis.

Os futuros arquitetos Alfredo Britto, Ary Afrânio Peixoto e Gilberto Kobler também freqüentavam as nossas reuniões. Um pouco mais tarde, o também futuro arquiteto Luiz Paulo Conde. E o futuro advogado Paulo Saboya, e o futuro dentista Heitor Simões de Oliveira. Também o ator e diretor teatral João das Neves, que tinha, na época, uma espessa cabeleira.

Meninos de famílias de classe média, dispúnhamos de condições que não estavam ao alcance dos moradores da "vila". Minha tia Luzita e meus primos Fernando e João Roberto Kelly (que mais tarde viria a ser um compositor de sucesso) costumavam comemorar com uma festinha o aniversário do João Roberto, em junho, na época dos festejos juninos. Meu irmão e eu íamos à casa da tia Luzita de casaco e furtávamos busca-pés, enfiando-os nas mangas compridas, para acendê-los em companhia dos moleques da rua Nascimento Silva. Éramos figuras bem ridículas quando nos despedíamos das tias e dos primos, apertando-lhes a mão com os braços duros.

Minha prima Mônica era um ano mais jovem do que eu e um ano mais velha que Rodolfo. Lembro que um dia ela nos chamou num canto do quintal da casa da minha avó paterna e, gaguejando, nos revelou um "segredo": sua mãe (tia Regina, irmã do meu pai) era "desquitada". Pronunciou a palavra e saiu correndo, envergonhada. Rodolfo e eu não entendemos nada, porque não sabíamos o que o termo significava.

Nem a família do meu pai nem a da minha mãe eram ricas. Contudo, a situação financeira de meus dois avôs era folgada. Meu avô materno, por exemplo, possuía uma casa no alto de Teresópolis, onde passávamos as férias de verão. E onde um dia me lembro de ter matado um sapo com uma flechada surpreendentemente certeira.

Deixando de lado esse episódio besta da flechada mortal no sapo (ah, meu sentimento de culpa!), o que importa dizer é que, além de termos privilégios como o da casa em Teresópolis, tínhamos as vantagens de uma importante assistência educacional na família. Éramos, desde o começo, garotos programados para progredir. Essa programação, contudo, se mostrava inviável para os jovens das camadas populares; e pouco a pouco eles e suas famílias foram sendo discretamente forçados pelo "progresso" do bairro a buscar outro local de residência. E nós — meu irmão e eu — perdemos contato com nossos amigos pobres.

adolescência

Meu pai era um educador severo e, segundo me disseram, quando saiu da cadeia tinha se tornado mais "nervoso". Minhas lembranças dele, porém, não registram os acessos de fúria que seriam freqüentes quando eu tinha menos de 5 anos. As imagens que encontro no meu arquivo mnemônico da vida em família o mostram sorridente, irônico, enérgico, mas sensível. Com uma exceção: os inevitáveis conflitos com Luiza, a filha que ele adorava mas cuja independência se esforçava — em vão — por limitar.

O comunismo, tal como era concebido e vivido por ele e por seus amigos, me parecia, inicialmente, uma estranha religião. Fiquei conhecendo alguns "sacerdotes" e também alguns "bispos" do Partido Comunista, conversava com eles. Havia de tudo na agremiação: militantes e simpatizantes de todos os tipos, interessantes e chatos, doutrinários e pragmáticos, conscienciosos e irresponsáveis, inteligentes e cretinos, discretos e exibidos, honestos e safados.

Reunidos ou isolados, falando ou calados, eu os observava e me pareciam "normais", quer dizer, seres humanos iguais aos outros. Mesmo quando notava neles traços um tanto bizarros e me davam a impressão de serem meio "louquinhos"; a "loucura" deles não me

Valério Konder (24 anos).

parecia perigosa; a perseguição policial movida contra eles era, a meu ver, completamente absurda. Meu pai foi preso, que eu me lembre, vinte vezes.

Reagindo contra essa gritante injustiça, resolvi me integrar ao grupo dos perseguidos. Depois de participar da campanha eleitoral de 1950, na qual o dr. Valério foi candidato ao Senado (à "vaga de Luiz Carlos Pestes", como diziam os comunistas), e não foi eleito, mas teve uma votação expressiva, filiei-me, romanticamente, à União da Juventude Comunista.

Uma das nossas tarefas era subir o morro no domingo de manhã e distribuir material impresso de propaganda do Partido. Um dia — 1º de julho de 1951 — fui preso em companhia de duas jovens companheiras. Como éramos todos menores de idade, fomos soltos no mesmo dia. O susto, porém, foi grande. O medo que senti atenuou um pouco a disponibilidade para as atividades político-partidárias. Mas havia outro fator que atrapalhava a militância: as festinhas de sábado. Quase todos os sábados havia no bairro alguma festinha à qual eu comparecia, a ida à festa tornava difícil acordar cedo no domingo. Resultado: faltei a várias subidas ao morro e fui bastante criticado por minhas "vacilações pequeno-burguesas".

Fiquei preocupado. Conversei com meu pai e ele me tranqüilizou. Sem negar que existissem traços pequeno-burgueses no filho, o dr. Valério preferiu criticar os representantes da direção, que expunham jovens como eu ao risco de prisão, na subida ao morro. Apreciei muito o apoio que meu pai me deu: ele podia ser impetuoso, irritadiço, eventualmente áspero, mas tinha enormes qualidades humanas, era afetuoso, solidário, extremamente generoso. Tinha um senso de humor muito agudo. Fazia um imenso esforço para ser justo e coerente, porém era bem mais contraditório do que conseguia admitir.

Diante do fato de termos passado a conviver com crianças e jovens das camadas populares, meu pai procurou nos orientar, abrindo para a garotada as portas da nossa casa, sem deixar de procurar exercer alguma influência educativa. Como meu irmão e eu ganhamos uma mesa de futebol de botão, resolvemos aproveitar um mês de férias para realizar campeonatos todos os dias. Os botões eram botões comuns, grudados com piche uns sobre os outros; a bola era feita de cortiça; os goleiros eram caixas de fósforos recheadas com chumbinho.

O dr. Valério providenciou um time para si e resolveu participar do campeonato; e nos fez assumir um compromisso: no final de cada

Valério Konder.

jogo, o perdedor deveria apertar a mão do vencedor. Foi, às vezes, bastante difícil honrar o compromisso assumido; houve choro e ranger de dentes, mas acabamos nos acostumando à "lei".

Lembro-me de um exemplo especial de dignidade: meu primo Fábio Konder Comparato veio passar as férias conosco e não sabia jogar futebol de botão, de modo que virou um saco de pancadas, perdia todas as partidas (sempre cumprimentando o adversário vitorioso). No entanto, treinava sempre, com uma disciplina admirável. Resultado: na última noite da sua permanência no Rio, venceu o campeonato. E todos lhe apertaram a mão com um sorriso de homenagem sincera.

Também meu tio Victor, irmão do meu pai, jornalista, comunista militante, participava dos campeonatos de futebol de botão. Embora fosse um sujeito bastante discreto, que falava pouco, os moleques meus amigos simpatizavam com ele.

Já com 16 anos, eu saía à noite com amigos (e alguns "agregados") — costumávamos ir até a lagoa Rodrigo de Freitas, ficávamos sentados na areia, jogando pedrinhas na água e batendo papo.

Nas manhãs de sábados e domingos, íamos à praia, em Ipanema, entre a Farme de Amoedo e a Montenegro (hoje Vinicius de Moraes). Tínhamos uma barraca amarela, que era freqüentada, entre outros, pelo MPB-4 (Miltinho, Magro, Aquiles e Rui), pelo juveníssimo Arnaldo Jabor, por Lucinha Lewin, pela pintora Marilia Kranz, por Paulinho Saboya, e por muitas outras pessoas.

Ainda eram muito raras as casas que tinham televisão. Recordo a primeira vez que vi um aparelho de TV funcionando: as imagens trêmulas, sem nitidez, um som horrível. Fiz uma previsão que se mostrou depois crassamente equivocada. Assegurei aos que estavam comigo: "Isso não vai dar certo."

Em um apartamento alugado por Alfredo Brito e João de Deus, no último andar de um prédio em Ipanema, instalamos uma luneta e passávamos horas na expectativa de ver pela janela mulheres trocando de roupa. Se perdemos tempo (as mulheres fechavam as janelas), ao menos aproveitamos bastante a familiaridade que a vitrola nos proporcionou com o samba dos anos 1920 a 1950.

Um dia, no jantar, comentei em casa que um certo Beto, filho de imigrantes (não confundir com o Bebeto, irmão do Joaquim), tinha roubado um canivete de um amigo. Meu pai se escandalizou: "Roubar é ruim. Roubar de um amigo, então, nem se fala. É repugnante." Fiquei impressionado. Quando encontrei os amigos, depois do jantar, Beto estava agregado ao grupo e eu o expulsei da nossa turma, porque ele tinha roubado um canivete de um amigo. Ele não negou o furto, mas argumentou, com alguma razoabilidade, que a rua era pública e que ele podia andar na rua onde quisesse. Resolvi castigá-lo fisicamente, mas ele era mais forte do que eu. Nos atracamos, rolamos no chão, trocamos socos, e eu tive a nítida sensação de que o estava triturando.

Quando os amigos nos separaram e nos seguraram, porém, ele estava inteiro e eu (sem me dar conta disso), todo escalavrado. Foi então que o interpelei, numa frase que certamente nunca mais esquecerei. Perguntei-lhe, sério, olhos nos olhos: "Chega, ou quer mais?" E Beto, perplexo, não respondeu. (A propósito desse episódio, escrevi um poema que não é de todo ruim e que o leitor pode ler entre os anexos deste volume.)

Leandro com 15 anos.

Nesse período, o nosso círculo de amizades ia se ampliando e se renovando. Víamos sempre Paulo Saboya, excelente argumentador, que nos dizia que a melhor edição da Bíblia seria a de um livro com todas as páginas em branco, porque "está tudo nas entrelinhas". Víamos também João das Neves (que dançava muito bem), João de Deus, Renato Cláudio e João Leão. Apareceram os gêmeos Miguel e Gabriel, netos de um velhinho anarquista, filhos do açougueiro Afrânio, comunista.

Novidade, também, a presença do sexo feminino: Maria Helena, filha do dono do armazém; as irmãs Edith e Inge, de origem alemã; as irmãs Norma e Aída, novas moradoras da Nascimento Silva, 91; Lucinha Lewin, filha do intelectual pernambucano Willy Lewin, amigo de João Cabral de Melo Neto; Lucinha Freire e sua amiga Zulma, filha do intelectual comunista Alberto Passos Guimarães; Moema, irmã do poeta Ivan Junqueira. E a minha primeira namorada: Élide.

Ao longo dos dez ou onze meses de namoro, convenci-me de que eu era o pólo dominante na relação, por isso me surpreendi quando ela me chamou para uma estranha conversa na qual levou meia hora me expondo as razões que levavam o pai dela a recomendar que terminássemos o romance. Era uma situação esquisita, ela falando da janela do quarto para fora e eu na calçada, embaixo, tentando contra-argumentar, sem me dar conta de que a decisão dela estava tomada e eu estava levando um tremendo fora.

A nossa mudança para a rua Jangadeiros, 14, apartamento 203, no começo de 1954, me ajudou a esquecer o fora que a namorada me dera. E a denúncia por Nikita Kruschov dos crimes cometidos por Stálin me levou a um retorno do interesse pelas vicissitudes do movimento comunista. Tio Victor saiu do Partido. Pessoalmente, beneficiei-me da crise, me atribuíram certo pioneirismo no combate aos métodos stalinistas. Na verdade, não merecia a reputação de profeta democrático. No íntimo, eu achava que um partido revolucionário tinha que ter dirigentes muito enérgicos.

O que me parecia estranho é que a tentativa de explicação do stalinismo feita por Kruschov fosse baseada num conceito que não tinha nada de marxista: o do "culto à personalidade". Meu marxismo, na época, era bisonho, estava impregnado de "materialismo vulgar". Apesar dessas limitações, entretanto, não levei a categoria do "culto à personalidade" a sério. E, a partir daquele momento, passei a desconfiar da competência dos soviéticos no campo da teoria marxista. Achei mais interessantes as expressões de buscas assumidamente especulativas e abstratas empreendidas por companheiros que admitiam ser "analfabetos em matéria de marxismo". Um deles, Orestes Timbaúba, conversando com meu pai sobre a concentração de poder nas mãos de Stálin e de seus cupinchas, concluiu: "Valério, mandar é melhor do que foder."

faculdade de direito

Paralelamente à volta do interesse pela política, fiz novas amizades, passei a freqüentar novos ambientes, a discutir com alguns colegas, como Diaci de Alencar, Telius Memória, Letácio Jansen Jr. e Aloysio Campos da Paz Filho, que viria a ser mais tarde o criador da Rede Sarah de Hospitais e na época morava na Nascimento Silva, onde minha família também morava, antes de nos mudarmos para a rua Jangadeiros.

Tornei-me amigo de Joca Serran, Solange Tourinho, Yone de Freitas Leite, Maria Luiza Junqueira Aires e Paulo Alberto Monteiro de Barros, o "Artur da Távola", nascido no mesmo dia em que eu "oficialmente" nascera: 3 de janeiro de 1936. Nenhum deles era comunista. Tenho a impressão de que esse fato é sintomático, indica que eu não queria, de modo algum, me limitar a ambientes dominados pela problemática típica dos comunistas. A exceção era Ivan de Otero Ribeiro, que fiquei conhecendo por meio de atividades partidárias e se tornou um amigo muito querido (faleceu num desastre de avião, conforme contarei mais tarde).

No início de 1954, fiz o vestibular e entrei na Faculdade de Direito da Universidade do Rio de Janeiro (a atual UERJ). Pretendia me

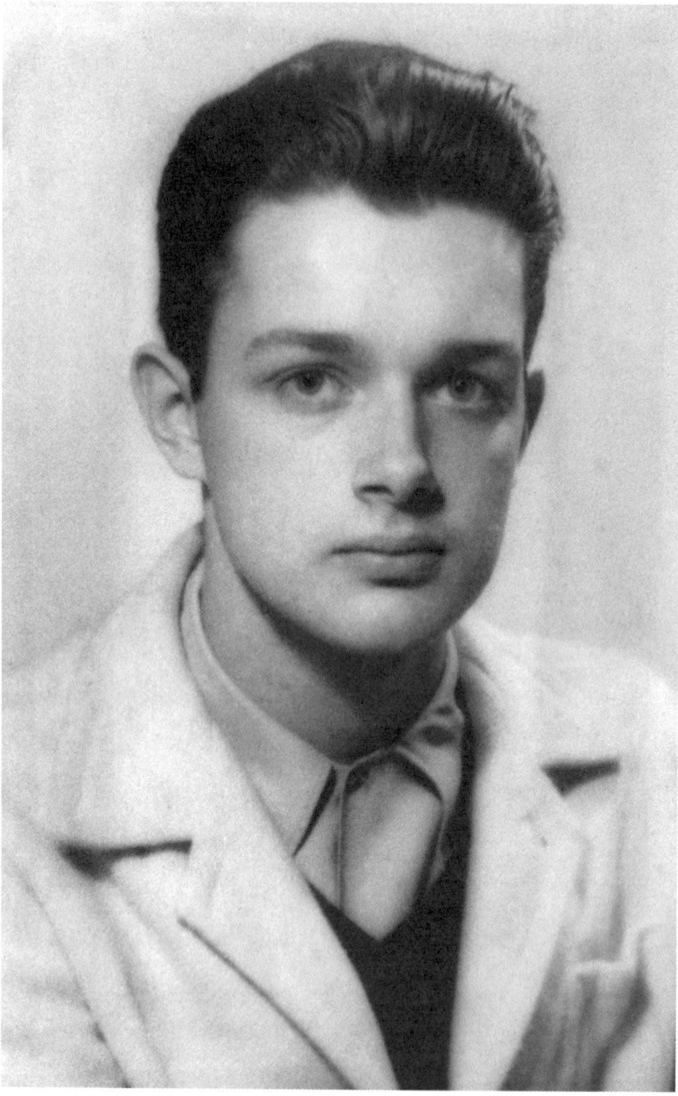

Pronto para o vestibular (17 anos).

tornar advogado criminalista, como meu tio Evandro Lins e Silva, que em 1957 me acolheu no escritório dele.

Entre meus professores estavam alguns juristas que desenvolviam intensa atividade política: Afonso Arinos de Melo Franco e Aliomar Baleeiro, dois udenistas convictos (a UDN era o partido dos liberais-conservadores). Embora discordasse deles, reconheci que eram bons professores.

Com Baleeiro, houve o seguinte episódio. No exame oral, ele me fez duas perguntas e minhas respostas não foram satisfatórias. Consultando seus papéis de controle do trabalho, ele lamentou:

— O senhor está precisando de 7 e vem despreparado assim? Pelo seu nome de família, vejo que é meu correligionário, da UDN de Santa Catarina. E vou ter que reprová-lo.

Ainda tive uma chance, tentei responder a uma terceira pergunta que ele me fez, mas não agradei. Em todo caso, esclareci que não era udenista. Baleeiro logo concluiu:

— Então o senhor é filho daquele Konder que é comuna, o Valério...

Confirmei.

Saí da sala do exame convencido de que estava "pendurado" (em segunda época) na matéria Ciência das Finanças. Para minha surpresa, contudo, Baleeiro me deu nota 7. Duas semanas mais tarde, encontrei-o na faculdade e agradeci pela nota. O professor se divertiu:

— Só lhe dei a nota porque o senhor, se fosse reprovado, diria que era um caso de perseguição ideológica.

Para animar os alunos mais próximos a ele, um estudante chamado Leonardo Bloch, bastante robusto, inventou um jogo: terminadas as aulas, nós íamos a uma farmácia, na qual havia uma balança acessível, e apostávamos na variação do seu peso. Com muito senso de humor ele contava histórias de seu livro de cabeceira, que era *A vida dos 12 césares*, de Suetônio. E, no jogo da variação do peso, dava indicações falsas (do tipo "ontem comi demais, jogue na alta") para os colegas que se escandalizavam com as taras sexuais dos imperadores romanos.

Conheci Tom Jobim em circunstâncias que me envergonho de relatar: estava no restaurante Jangadeiros, no balcão, comprando salada de batatas, quando notei que dois homens numa mesa estavam falando de mim, se divertindo à minha custa. Influenciado por fantasias machistas, fui até a mesa deles e interpelei um dos dois, que ria e tinha me apontado com o dedo:

— Estava falando de mim?

Com absoluta tranquilidade, ele confirmou:

— Estava dizendo ao meu amigo João Gilberto que você mora na rua Nascimento Silva e é sobrinho do Marcos, arquiteto, meu amigo.

Em seguida, sempre com seu sorriso tímido magnífico, me perguntou se eu tinha vindo para a mesa deles disposto a brigar.

Neguei que essa fosse a minha intenção, mas ele insistiu:

— O tom da sua interpelação era claro. Você é brigão. Por que se aborreceu? Você não gosta de que falem de você?

Tentei desfazer a má impressão que havia causado, sentei-me com eles à mesa, batemos papo, mas ao me despedir ainda tive de ouvir a recomendação de controlar meus impulsos belicosos.

A faculdade me decepcionou, achei as aulas em geral chatas. Como a freqüência era obrigatória, eu comparecia, mas me sentava nos fundos da sala e lia. Mais do que lia: devorava livros. Lia poesia, ensaios filosóficos, romances, contos. Descobri a literatura. Anos antes, já me havia entusiasmado por Monteiro Lobato (*Os 12 trabalhos de Hércules*), pelos *Três mosqueteiros* e pelo *Conde de Montecristo*, de Alexandre Dumas.

Foi na faculdade, contudo, que li Dostoiévski, Thomas Mann, Balzac, Stendhal, Jorge Amado, Graciliano Ramos, Machado de Assis, Baudelaire, Castro Alves, Pablo Neruda, Éluard, Aragon, Paulo Mendes Campos, Carlos Drummond de Andrade e Manuel Bandeira. E li também muitos romances policiais: cheguei a achar simpáticos o amaneirado Hercule Poirot e o medíocre comissário Maigret.

Também me interessei muito por cinema. Recordo com nitidez o filme *Milagre em Milão*, que vi em 1955, uma obra-prima de De Sica e Zavattini. Outra experiência cinematográfica marcante nesse período foi *Rio 40 graus*, de Nelson Pereira dos Santos.

advocacia

Além da decepção com a faculdade, fiquei decepcionado com o exercício da profissão. Para chegar a participar de um júri com chance de obter um resultado melhor para seu cliente, o advogado criminalista deve acompanhar o processo desde o inquérito policial, tentando evitar que as inquirições resultem em formulações infelizes e depoimentos comprometedores. Quer dizer: o advogado precisa estar presente desde a fase da delegacia. E eu me sentia fisicamente mal nas delegacias, tinha alergia a elas.

Trabalhei no escritório do tio Evandro até 1961 ou 1962. Depois, com a concordância dele, mudei de ramo, virei advogado trabalhista. Mais precisamente: sindical. Um outro tio, o dr. Newton Marques Coelho, irmão da minha mãe, me levou ao Sindicato dos Sapateiros (nome oficial: Sindicato dos Trabalhadores nas Indústrias de Calçados, Luvas, Bolsas e Peles de Resguardo), do qual me tornei advogado.

Fiquei conhecendo diversos operários comunistas. Dizia aos meus companheiros, brincando: vocês só conhecem a classe operária através de livros; eu bebo cerveja com ela depois do expediente no sindicato. Não havia por que idealizar os trabalhadores; entre eles, porém, havia tipos humanos muito interessantes. Lembro-me, por exemplo, do sr.

Canário, um velho artesão anarquista, que mais tarde tomei como modelo para meu personagem Alberto, o sapateiro, que freqüentou diversas crônicas que publiquei ora no *Globo*, ora no *Jornal do Brasil*. E me lembro do Plínio, do João Guilherme, do Ilton e de muitos outros. Uma vez, o Plínio perguntou ao sr. Canário quais eram as grandes paixões da sua vida e ele respondeu: primeiro a anarquia, depois a ópera.

Conhecer os operários era difícil. Mais difícil ainda, contudo, era conhecer os camponeses. O PCB, na época, sublinhava a importância do campesinato para a revolução. Nós, os militantes, nos sentíamos inseguros, já que não conhecíamos os "camponeses". Certa vez, Paulinho Saboya, com seu senso de humor, fez parar o automóvel em que estava, porque avistou em plena zona rural um trabalhador com uma enxada na mão. Saiu então do carro e se precipitou na direção do "camponês", aos gritos de:

— Companheiro camponês, me fale das suas convicções políticas. O que você pensa da aliança operário-camponesa?

O homem não entendeu nada.

Ainda convém dizer umas tantas coisas a respeito do tempo da faculdade. Logo no primeiro ano do meu curso de Direito, um acontecimento histórico de grande impacto: o presidente da República se matou com um tiro no peito.

Embora soubesse que a faculdade estava fechada, fui até lá, às 8h da manhã, como fazia todos os dias, na esperança de encontrar algum colega para conversar sobre a crise política. Como o Palácio do Catete ficava bem perto, fui espiar os tanques estacionados nas proximidades. Não sabia que, naquele momento, a poucos metros de distância, dentro do palácio, Getúlio estava dando o tiro mortal no próprio coração.

Um pouco mais tarde, peguei um ônibus de volta para casa e ouvi alguém anunciar, gritando, o suicídio do presidente. Como em minha casa o aparelho de rádio tinha pifado, fui diretamente para a casa da minha avó Zazinha. Confirmada a notícia pelo *Repórter Esso*, lida a Carta-Testamento de Vargas, telefonei para alguns amigos. Na previsão de alguns tumultos, fomos — Ivan Junqueira, João das Neves e eu — para o centro da cidade. Mesmo sem participar ativamente de nenhum quebra-quebra, circulamos durante várias horas no meio de uma multidão agitada.

Meus sentimentos eram bastante ambíguos. Por um lado, lembrava coisas indesculpáveis feitas por Getúlio, que era o ditador do Estado Novo, o responsável por torturas e pela entrega de Olga Benário à Alemanha nazista; por outro lado, era a figura que incendiava naquele momento o coração da massa, o inspirador daquele protesto popular espontâneo.

Ainda durante os anos da faculdade, submeti-me ao serviço militar obrigatório. No quartel do CPOR (Centro de Preparação de Oficiais da Reserva), fiz novas amizades: Leonardo Nunes da Cunha, Hugo Sérgio Koatz e Luiz Fernando Cardoso. Nós quatro nos divertíamos com as tolices ditas por alguns oficiais. Luiz Fernando as anotava. Um exemplo, uma frase de um capitão:

— Vamos dividir a tropa em duas metades. A metade maior vai pela direita, a menor pela esquerda. E os que sobrarem vêm pelo centro, comigo.

Por coincidência, Luiz Fernando era um dos agitadores que eu tinha visto em ação na Cinelândia, enfrentando a polícia na praça e depois jogando pedras na embaixada dos Estados Unidos, no dia do suicídio de Getúlio.

Encerrado tragicamente o segundo governo Vargas, veio o curto *intermezzo* Café Filho, a rápida transição assegurada por Nereu Ramos e a posse do novo presidente eleito: Juscelino Kubitschek. Foi uma época de grandes transformações. Ainda que limitada ao preto-e-branco, com imagens de má qualidade, a televisão começava a influir na mudança dos costumes e no consumo dos produtos ditos culturais. Novas formas de entretenimento se difundiam; novos estilos de se vestir e de se desvestir. Lembro-me de que num dos primeiros dias do governo de Juscelino, na praia do Arpoador, vi uma moça loura de biquíni sendo vaiada e praticamente expulsa da praia por um bando de boçais. E me lembro de que, mais uma vez no Arpoador, exatamente cinco anos mais tarde, observei com prazer a presença — tranqüilamente aceita — de muitas moças que usavam biquíni.

Formatura em Direito
(dezembro de 1958).

literatura

No final dos anos 1950, eu me dispersava em atividades múltiplas. Nos estudos de Direito, até dezembro de 1958, quando me formei. No escritório do meu tio Evandro, onde comecei a trabalhar ainda no tempo de estudante e de onde saí para atuar como advogado sindical.

Preocupado com o meu futuro, tio Evandro me encaminhou para um posto no Estado, para o serviço público: fui nomeado assistente jurídico da procuradoria do Estado do Rio de Janeiro e passei a dedicar minhas manhãs à leitura atenta do Diário Oficial, assinalando todas as ações em que a procuradoria pudesse ter interesse.

Além disso, vez por outra, à tarde, eu freqüentava a UNE (União Nacional de Estudantes) e acompanhava a criação do CPC (Centro Popular de Cultura), organização que nascia com um programa muito voltado para a agitação e que eu apoiava em público, porém criticava como sectário, em conversas particulares com meus amigos João das Neves e Oduvaldo Viana Filho, o Vianinha.

Vianinha era ator e escritor, uma pessoa muito brilhante. Uma noite, cheguei em casa e encontrei um bilhete dele me dizendo para encontrá-lo em sua casa, com urgência, qualquer que fosse a hora. Fui. Ele me disse:

— Temos a tarefa de organizar um folheto de solidariedade a Cuba. O texto tem que estar pronto até amanhã de manhã.

Passamos a noite em claro, redigindo o folheto. A criatividade do Vianinha era assombrosa. Ele inventava histórias. Lembro-me que uma delas revelava que John Kennedy havia mandado invadir Cuba por pura dor de corno, porque Jacqueline tinha dormido com Fidel. A CIA tinha gravado o papo muito indecente da primeira-dama (que tinha origens francesas) com *el Caballo*. O dirigente do partido que nos dera a tarefa, porém, não queria saber de brincadeiras e acabamos fazendo algo mais "convencional".

Mantive, além disso, uma teimosa freqüência aos cinemas. É impressionante como a gente, quando é jovem, encontra tempo para fazer tanta coisa! Lembro-me de ter visto filmes que na época me agradaram muito, como *O homem do braço de ouro*, de Otto Preminger, o *Rififi*, de Jules Dassin, *La Strada*, de Fellini, e outros.

Outra atividade era a que mais me apaixonava: a literatura. Tinha clara consciência de que a poesia não era a minha vocação. Tentei escrever um romance, fracassei (só viria a escrevê-lo cerca de quarenta anos mais tarde: o *Bartolomeu*). Também meus contos eram chinfrins. Procurei me consolar com a idéia de que eu devia ser um bom crítico, porque enxergava com nitidez as deficiências de meus próprios escritos.

Não podia me limitar às leituras, precisava treinar para aprimorar minha capacidade de escrever. O jornalismo era o caminho natural para isso. Fui com Luiz Fernando a São Paulo e juntos escrevemos uma reportagem sobre a IV Bienal, que saiu publicada na *Imprensa Popular* em outubro de 1957. A matéria foi muito elogiada. Por sugestão de Luiz Gazzaneo, o jornalista Fragmon Borges me perguntou se eu queria ser o crítico de arte do semanário *Novos Rumos*. Aceitei, orgulhoso. Depois, conversando com ele, mencionei o fato de eu ser daltônico. Fragmon deu um salto na cadeira e imediatamente me desconvidou, dizendo:

— Essa é uma publicação séria, Leandro.

Os estímulos para me dedicar à literatura vinham de diversas procedências. De Otto Maria Carpeaux, a quem tomei a liberdade de me apresentar, dentro de um ônibus, como "amigo do seu amigo Astrojildo Pereira". E ainda de escritores que conheciam meu pai, como Álvaro Lins, Paulo Mendes Campos e Aníbal Machado. Álvaro Lins me dava livros com dedicatórias enfáticas, excessivamente generosas. Paulo Mendes Campos me dizia que como escritor eu já começava tendo um assunto ótimo: meu pai. E o velho Aníbal...

Ah, o velho Aníbal. Nos domingos, a casa da rua Visconde de Pirajá se abria para receber uma porção de gente. O nosso grupo se reunia na copa para jogar totó; Helius de Moraes, genro do dono da casa, meu irmão Rodolfo, Ivan Junqueira, Marília e Sabino Barroso, o crítico Ian Michalski, João das Neves, Luiz Fernando Cardoso, Ivan Ribeiro e outros. Quando o anfitrião passava por lá, parávamos o jogo para puxar um papinho com ele. O velho Aníbal era um conversador excepcional. E, falando de literatura, dava na gente vontade de escrever.

Uma vez, apareceu na casa um gigolô, que estava seguindo uma pintora, tentando recrutá-la para seu serviço. Aníbal, curioso, conversou com ele. E, depois que o sujeito foi embora, comentou conosco:

— Ele me disse que atualmente tem quatro mulheres trabalhando para ele. Gigolô de quatro mulheres, em busca de uma quinta. Já pensaram que canseira!

Durante um ano, sem muita assiduidade, fiz o curso do Iseb (Instituto Superior de Estudos Brasileiros). Lembro-me sobretudo das aulas dos professores Vieira Pinto, Inácio Rangel, Paulo de Castro, Wanderley Guilherme dos Santos, Roland Corbisier e Nelson Werneck Sodré. Lembro-me especialmente do dia em que Roland Corbisier levou Sartre para falar no Iseb. Fiquei fascinado pela fluência da fala do filósofo francês.

Em 1962-63, sem cessar de colaborar com *Novos Rumos*, publiquei dois artigos no *Diário de Notícias* (um sobre Epicuro e o epicurismo, outro sobre Schopenhauer e o casamento). Um novo amigo, Armênio Guedes, me pôs no conselho diretivo da revista *Estudos Sociais*, "de tendência marxista", dirigida por Astrojildo Pereira, fundador do Partido Comunista Brasileiro.

Em *Estudos Sociais* publiquei um artigo sobre Rousseau, um sobre o realismo socialista como corrente estética e outro sobre "A fisionomia ideológica de Fernando Pessoa". O artigo sobre o poeta Pessoa apontava numa direção que logo suplantaria as idéias defendidas no texto sobre o realismo socialista, que eram bastante esquemáticas, típicas de um "materialismo vulgar".

Em *Novos Rumos*, publiquei um artigo sobre Mario de Andrade (25/12/1960), um sobre o poeta Paul Éluard (12/5/1959) e outro sobre Tchekhov (28/1/1960). Quando os releio agora, quase meio século depois de tê-los escrito, me parecem inacreditavelmente ingênuos.

carlos nelson

No conselho da revista me vi no meio do fogo cruzado que contrapunha Armênio Guedes a Mário Alves e Jacob Gorender. Nem sempre entendia o alcance das divergências, porém simpatizava mais freqüentemente com as posições assumidas pelo Armênio, que tinha uma mente mais aberta e misturava doses elevadas de ironia às suas críticas.

Participei de diversas reuniões da minha "ob" (organização de base) do partido. Em geral, elas eram chatas. Uma vez, contudo, vi acontecer algo inesperado: a representante da direção estadual do PCB fez um informe claramente "triunfalista", exagerando os frutos da nossa participação nos conflitos da política.

— A direita está acuada e nós estamos fortalecidos.

Armênio Guedes, presente à reunião, resolveu falar. E suas primeiras palavras foram:

— Não posso deixar de me perguntar o que leva uma pessoa a ser dirigente de um partido e a dizer tantas bobagens.

Eu, que estava quase dormindo, despertei, animado com a polêmica.

A dirigente ficou muito aborrecida e advertiu Armênio:

— Essa é a sua opinião.

Carlos Nelson em Bologna (1973).

O contestador respondeu:

— Claro, eu só tenho mesmo a minha opinião. Não sou como a companheira, que tem as sucessivas opiniões ditadas pelos dirigentes.

Esse incidente revelava potencialidades para o debate franco no partido e também mostrava que era possível resistir às pressões de cima para baixo, como se podia ver pelo exemplo dado por Armênio Guedes.

Foi por meio de *Estudos Sociais* que entrei em contato com o jovem baiano Carlos Nelson Coutinho, que era leitor da revista, e me enviou uma carta, encaminhando um artigo sobre Sartre, muito simpático ao filósofo francês. Armênio se declarou logo francamente favorável à publicação do ensaio, porém me pareceu que Gorender e Mário Alves tinham dúvidas. O artigo acabou saindo impresso, numa nova seção — criada para ele — intitulada "Problemas em Debate".

O ensaio sobre Sartre marcou o início de uma grande amizade. No começo, a amizade era epistolar, consistia numa constante troca de cartas. Às vezes, comentávamos os livros que estávamos lendo e, por coincidência, eram os mesmos. Pude então observar que o meu novo amigo baiano era intelectualmente mais rápido do que eu; fazia sínteses mais convincentes do que as minhas e assentava sua argumentação em terreno mais sólido. Lembro-me de termos lido e comentado o livro de Lukács sobre Hegel, *A teoria do romance* (igualmente de Lukács) e, se não me engano, algo de Gramsci (não lembro exatamente o quê).

Mais tarde, Carlos Nelson veio ao Rio e, depois do golpe de 1964, passou a morar em Copacabana. Passamos a trabalhar em parceria, fraternalmente, retomando e tentando aprofundar as idéias que havíamos julgado encontrar em Lukács e Gramsci, desde 1962. Ao longo dos quarenta e tantos anos que se seguiram, senti uma enorme admiração pela persistência e pelo cuidado com que Carlos Nelson estudou, interpretou e traduziu Gramsci, promovendo, em companhia de Luiz Sérgio Henrique e Marco Aurélio Nogueira, uma magnífica edição brasileira dos *Cadernos do cárcere*, em seis volumes (Civilização Brasileira, 1997-2002). Uma edição que alguns especialistas estrangeiros consideram mesmo superior às duas italianas.

merquior

Mais ou menos na mesma ocasião em que passei a me corresponder com Carlos Nelson, fiquei conhecendo José Guilherme Merquior. Nosso encontro foi casual e aconteceu num festival do cinema russo e soviético.

Sentado na fila de cadeiras à minha frente, um rapaz muito jovem, de rosto redondo, conversava com outras pessoas que estavam com ele e contava coisas interessantes, fazendo comentários inteligentes e divertidos. Quando percebeu que suas observações faziam mais sucesso junto ao público da fila de trás, passou a falar diretamente para mim. Logo, passamos a conversar.

Num dado momento, ele se referiu a um artigo muito ruim que fora publicado havia poucas semanas por um crítico literário. E eu disse:

— O Merquior escreveu um artigo devastador, arrasando o artigo desse paspalhão.

E ele falou:

— Sou eu.

— Você é o José Guilherme Merquior?

— Sou.

Foi aí que começou a nossa amizade.

Nesse primeiro momento da história da nossa amizade, tive a alegria de levá-lo a ler Lukács, autor marxista que ele admirou ao descobrir e que sempre respeitou nos anos subseqüentes, quando teria grandes divergências em relação ao ponto de vista lukacsiano e marxista, em geral.

Merquior era um crítico extremamente competente e erudito em suas avaliações literárias e filosóficas. Como leitor de poemas, não me lembro de ter conhecido alguém melhor. Muitas vezes me deu ótimas indicações de leitura. E eu, excluída a descoberta de Lukács, jamais lhe falei de um autor realmente muito importante que ele já não tivesse lido.

Enquanto a minha amizade com Carlos Nelson se alimentava de concordâncias, de idéias político-filosóficas que convergiam, a minha amizade com o Merquior me ensinou que também podia ser humanamente muito fecundo o caminho do convívio nas discordâncias, o diálogo que é capaz de digerir as divergências.

José Guilherme Merquior

o golpe de 1964

Participei, sem entusiasmo, da campanha do candidato general Lott à presidência da República. Fomos derrotados. Quem se elegeu foi Jânio Quadros, aventureiro que Afonso Arinos chamou de "a UDN de porre".

Ao que tudo indica, Jânio queria exercer o poder ditatorialmente, sem ser controlado pelo Congresso. Para confundir as coisas, aproveitou uma passagem de Che Guevara pelo Brasil para condecorar o fascinante revolucionário. A esquerda não confiava em Jânio, a direita também passou a considerá-lo perigoso.

Foi aí que ele renunciou, esperando que o Parlamento, traumatizado, o chamasse de volta (o que não aconteceu). O que se fez nessa crise, em 1961, foi articular um acordo para cumprir a Constituição, dando posse ao vice-presidente João Goulart, e calar a boca de um grupo de generais golpistas que chegaram a tentar impedir a posse de Jango.

Jango governou, inicialmente, num improvisado regime parlamentarista, e depois já nas condições institucionais do presidencialismo. Sua base social era potencialmente ampla, porém sua base política era estreita.

A direita se inclinava cada vez mais na direção de um golpe e a esquerda se apoiava no compromisso com o respeito à lei. Quando, porém, Jango e seus aliados do Partido Comunista Brasileiro passaram a encaminhar a sucessão eleitoral do presidente e declararam que o melhor sucessor era o próprio Jango, o quadro se complicou, porque a Constituição não admitia a reeleição e não havia tempo para reformar a Lei Magna. A esquerda se mostrou contaminada pelo golpismo. De qualquer maneira, o golpismo da esquerda ficou na intenção, no plano subjetivo, ao passo que o golpismo da direita se concretizou muito objetivamente.

Por meio de alguns militares, a direita deu o golpe, derrubou Jango (que foi para o exterior) e desencadeou uma forte onda de repressão. Minha família e meus amigos foram fortemente atingidos por essa onda. Meu pai, acusado no IPM do Partido Comunista, foi perseguido de maneira espetacular (o *Diário de Notícias* noticiou em manchete: "Exército caça Konder"). Com "ç"! Minha mãe, católica, pouco interessada por política, foi encapuzada e levada num camburão. Na hora de enfiar o capuz, com medo de sufocar, minha mãe disse:

— Pode deixar, eu mesma ponho.

O agente policial comentou:

— Já vi que a velha comuna é escolada.

Meu irmão, que era dirigente sindical na Petrobras, teve de se exilar na embaixada do México. E minha irmã, que era sócia-proprietária de uma butique (a Barbarella), foi detida e levada a se explicar a respeito de umas camisetas que vendia com a imagem de Che Guevara.

Fui sumariamente demitido, pelos interventores do novo governo, dos três sindicatos em que trabalhava: o dos sapateiros, o dos bancários e o dos aeronautas. Foram corretos na obediência legal às prescrições da demissão: pagaram tudo a que eu tinha direito. Fiquei com uma reserva em dinheiro que me permitiu mudar a minha atividade profissional: troquei as audiências nas juntas de conciliação e julgamento pelas revisões e traduções de livros na editora Civilização Brasileira, de Ênio Silveira.

Enio tinha uma aparência de grande dignidade, que dificultava a ação dos agentes da repressão. Surpreendia seus interrogadores fazendo-lhes perguntas. Uma vez, estranhou:

— Os senhores têm mesmo um compromisso com a propriedade privada?

Os agentes hesitaram, mas admitiram que sim. Enio disse:

— Então deveriam proteger a minha livraria e a minha editora, que têm sido vítima de atentados.

idiomas estrangeiros

Fui também editor cultural do semanário *Folha da Semana*, que o PCB conseguiu publicar em 1965-66 e que tinha como diretor Arthur José Poerner. Lembro-me de que o redator-chefe do jornal, Maurício Azedo, na reunião de balanço dos dez primeiros números da publicação, observou, em tom divertido:

— Há um nome que saiu estampado em todos os números: o do diretor do jornal. Mas há outro nome que saiu estampado 11 vezes, porque, além de sair em todas as edições, saiu duas vezes em uma mesma edição. Estou me referindo ao teórico preferido do Leandro, o filósofo Lukács.

Todos rimos muito. Entre os colaboradores mais assíduos do semanário estavam Alex Viany, Paulo Francis, Otto Maria Carpeaux, Sérgio Cabral. Maurício pedia que as matérias sobre teatro comentassem peças que estivessem sendo encenadas. Tite de Lemos, convidado por mim, escreveu sobre Tchekhov, e não havia nenhuma peça de Tchekhov em exibição. E a matéria de Tite anunciava que haveria uma continuação do artigo na semana seguinte. Tentei falar com Tite e com Maurício, mas não consegui. Deixei então um bilhete para Maurício, pedindo-lhe que abrisse uma exceção. Telefonei para saber:

— Vai publicar?

E ele, gélido:

— Vou. Mas cortei a ameaça final.

Infelizmente, o jornal conseguiu durar apenas cerca de um ano. Quando, falidos, Gazzaneo, Maurício Azedo, Sérgio Cabral e eu nos preparávamos para fechar o jornal, porque não tínhamos dinheiro para pagar as contas, tropas da Marinha invadiram a redação e deram ao jornal, afinal, uma morte heróica. O ministro da Justiça, através de um decreto, ainda procurou apoiar a violência militar, já consumada.

Como eu havia freqüentado os cursos do Iseb e havia seguido o curso do professor Álvaro Vieira Pinto, fui intimado a depor no IPM que os golpistas vitoriosos abriram lá, para apurar atos de “subversão”.

No interrogatório, me fizeram a seguinte pergunta: tendo seguido o curso do professor Vieira Pinto, não notou que as aulas contribuíam para a agitação das massas? Achei a pergunta engraçada e respondi que: 1) as massas não freqüentavam os cursos do professor, que no máximo tinha em sala oito ou nove alunos; e 2) se as massas comparecessem, não compreenderiam o que o professor dizia, porque ele se expressava numa linguagem filosófica abstrata, muito difícil de ser entendida. O coronel ficou irritado comigo.

— O senhor não está querendo colaborar.

Gazzaneo, o jornalista que eu tinha conhecido na redação de *Novos Rumos*, tornara-se meu amigo e também amigo de Carlos Nelson. Brasileiro de Alagoas, descendia de italianos e acompanhava as batalhas políticas travadas pelo PCI (Partido Comunista Italiano). Ele nos emprestou muito material de leitura. Fiquei impressionado com a independência dos comunistas italianos em face dos soviéticos. Carlos Nelson observou que o nível teórico e o rigor do pensamento marxista no trabalho deles era bastante superior ao dos comandados de Kruschov ou Brejnev. Gramsci havia fecundado a reflexão dos italianos.

Sérgio Paulo Rouanet e José Guilherme Merquior observaram que o fato de Carlos Nelson e eu na época não lermos alemão nos levou a descobrir o pensamento de Lukács e algumas outras idéias da esquerda alemã nos livros dos marxistas italianos.

Aprendi a ler com facilidade, embora não tenha grande talento para dominar idiomas estrangeiros. No curso ginasial (assim se chamava o período designado agora como segunda parte do ensino básico), precisei ter aulas particulares para não ser reprovado em inglês e francês.

Mais tarde, quando estava na faculdade, tomei gosto pelas línguas, melhorei meu inglês, meu francês, tomei a decisão de estudar russo e alemão. Espanhol eu aprendi lendo, por conta própria, como aconteceu com o italiano. (O colégio tinha ministrado rudimentos.)

Acho que o movimento de assimilação da língua italiana teve um forte estímulo do cinema neo-realista, sobretudo das comédias, com Toto, Aldo Fabrizzi, Vittorio De Sicca, Vittorio Gassmann, Ugo Tognazzi e mulheres lindas, como Sofia Loren e Claudia Cardinale.

Nos meses que se seguiram ao golpe, meu pai teve de sair de casa, para tentar não ser preso. Carlos Nelson estava na Bahia. E Merquior tinha ingressado por concurso no Itamaraty e estava em Brasília. Ivan Ribeiro estava na Polônia. Não tive contatos regulares com Gazzaneo. Fiquei sem meus interlocutores preferidos naquele período.

Mas não fiquei totalmente isolado. Tornei-me sócio de um clube de cinema e batia papo com jovens cinéfilos. Inventei uma história que os fez rir muito. Estava eu no centro da cidade quando vi Sofia Loren, de óculos escuros, um pouco assustada. Ofereci-me para ajudá-la. Ela ficou feliz de me ouvir falar a sua língua, ainda que estropiada pelo usuário brasileiro. Almoçamos na Colombo. No final da tarde, entramos num motel. No quarto, quando nos abraçávamos, a porta foi arrombada e o marido dela, Carlo Ponti, me matou, com um tiro na nuca.

o comitê cultural

O Partido Comunista Brasileiro tinha, na época, inegável influência, no Rio, sobre intelectuais e artistas. O PCB criou uma organização chamada Comitê Cultural, da qual eu fazia parte e que envolvia cineastas como Alex Viany, Leon Hirszman, Joaquim Pedro de Andrade; gente de teatro como Dias Gomes, Oduvaldo Viana Filho, João das Neves, Carlos Vereza, José Wilker, Cecil Thiré; artistas de televisão, como o cômico Rafael de Carvalho, que trabalhava com Chico Anysio, e intelectuais como Ferreira Gullar, Luiz Werneck Vianna, Pedro Celso Uchoa Cavalcanti, Antônio Carlos Peixoto e Carlos Nelson Coutinho.

Não me alongo na referência aos nomes porque, apesar de tantos anos passados, algumas pessoas podem preferir que seus nomes não sejam mencionados como ex-integrantes de uma organização clandestina. Além disso, havia pessoas tão discretas que era difícil saber se eram filiados ao PCB ou apenas simpatizantes.

Jamais testemunhei na atividade do Comitê Cultural qualquer manifestação de autoritarismo que pudesse ser considerada escandalosa. O "comitê cultural" não manifestava nenhuma pretensão de dirigir os movimentos culturais. A preocupação mais delicada de todos nós era tentar evitar que explosões de irritação (sentimento muito difundido na cultura daquele tempo) acarretassem desgastes e fossem aproveitadas pela ditadura.

Uma vez, um dirigente do PCB compareceu a uma das nossas reuniões e informou que um determinado intelectual era espião da polícia e alguém já tinha visto a carteirinha dele de funcionário do SNI (Serviço Nacional de Informação). Dias Gomes protestou, com firmeza, contra o procedimento desse dirigente. Chamou a atenção para o fato de que a acusação era extremamente grave e a pretensa "prova", extremamente frágil. O dirigente insistiu que nós não devíamos conversar com o suspeito. E Dias Gomes — com o apoio explícito de todos nós — deu o "tiro de misericórdia" na denúncia e na recomendação:

— Essa advertência é absolutamente desnecessária, companheiro. Até porque o sujeito é um bocado chato. Ninguém agüenta conversar com ele mais de dois minutos.

Pouco a pouco, a força que o PCB chegou a ter na vida cultural carioca, no período entre 1964 e 1968, foi diminuindo, murchou, e o "comitê cultural" ficou esvaziado. Tendências políticas mais combativas, à esquerda do PCB, mostraram-se mais capazes de atrair os estudantes e a intelectualidade.

A rebeldia juvenil, naquele período, se radicalizava no mundo inteiro. Protestos de estudantes se realizavam em Paris, em Berlim, em Nova York, em Londres, em São Paulo e no Rio de Janeiro. Quem tinha mais de 30 anos (eu tinha 32...) não inspirava confiança. O clima transparece nas páginas do livro *1968 — O ano que não terminou*, de Zuenir Ventura.

Antes das tendências contestadoras se generalizarem, fui convidado para dar um curso de estética marxista para o grupo de teatro liderado por José Celso Martinez Correa. Dei o curso com base nas idéias de Lukács, que visivelmente não agradaram. Foi, para mim, uma experiência muito interessante: enfrentar um público jovem que me contestava, que me achava conservador. Lembro-me de que a contestadora mais veemente era a atriz Ítala Nandi, que no entanto me inspirava uma grande simpatia. E me lembro também que foi naquele curso que nasceu a amizade que me une a Fernando Peixoto.

Quando podia, eu ia ao Teatro Opinião, às segundas-feiras, ver espetáculos com sambistas das escolas de samba. Numa dessas idas, Sérgio Cabral, que apresentava os músicos, anunciou que duas escolas de um subúrbio do Rio chamado Parada de Lucas iam se fundir. Nesse momento, ele nos viu — Carlos Nelson e eu — e fez a piada: disse que a fusão das duas escolas era inspirada nos "Unidos de Lukács", que, aliás, estavam presentes ao evento. Para sorte nossa, o Sérgio ria tanto da sua brincadeira que quase ninguém entendeu o que acabara de ser dito ao microfone.

José Celso, que insuflava com espírito a recusa dos seus atores às idéias de Lukács, encenou e dirigiu, naquela época, a peça *Roda viva*, de Chico Buarque de Holanda.

Um amigo paulista, o crítico Roberto Schwarz, me convidou para ver o espetáculo, e eu fui com ele. Roberto editava em São Paulo uma revista, e eu tinha publicado um livro sobre marxismo e arte. Na "esticada" depois do espetáculo, Roberto me falou insistentemente sobre o fato de sermos poucos, um pequeno grupo de intelectuais, e sobre o risco de ficarmos "passando a mão na cabeça uns dos outros". E concluiu: "Precisamos nos esculhambar mais." Na hora da despedida, afinal, ele disse: "No próximo número da minha revista vai sair uma resenha esculhambando o seu livro."

Fiquei aguardando, ansioso, porém o número anunciado não foi publicado, porque veio o AI-5 e a ditadura fechou a revista. (Diga-se de passagem, muitos anos mais tarde, exilado, tive oportunidade de ler a resenha que não saiu e que havia sido escrita por Michael Löwy. Era um texto elegante, que divergia muito civilizadamente de alguns aspectos do meu livro.)

primeiros livros

Quem pela primeira vez me pôs nas mãos um livro de Lukács foi meu pai, Valério Konder. Como secretário do Movimento Brasileiro dos Partidários da Paz, ele viajava com freqüência. Ao passar por Paris, ouviu de um companheiro francês que acabara de ser lançada a edição de um livro de um marxista húngaro que fazia crítica literária: *La signification presente du réalisme critique*. Ganhei-o de presente e fiquei entusiasmado com a leitura.

Logo procurei outros livros do autor, e comprei uma edição em castelhano de *A destruição da razão*. Impressionado com a leitura do livro, aproveitei uma vinda de Merquior ao Rio e conversei com ele; também troquei cartas com Carlos Nelson. E, sabendo que Lukács tinha uma relação com o Movimento Húngaro dos Partidários da Paz, consegui, com a ajuda de meu pai, o endereço do filósofo húngaro. Passei a escrever para ele a partir de 1961.

De 1963 a 1970, Carlos Nelson Coutinho e eu mantivemos uma curiosa correspondência com Lukács, que mais tarde, em 2002, viria a ser publicada num volume intitulado *Lukács — a atualidade do marxismo* (Boitempo), organizado pelos professores Maria Orlanda Pinassi e Sérgio Lessa.

Com o apoio do editor Ênio Silveira, organizei uma coletânea de escritos de Lukács e a submeti ao próprio filósofo, que alterou meu plano inicial, por ele considerado deficiente em matéria de unidade (tinha textos filosóficos, políticos e literários), sugerindo que a coletânea se limitasse a ensaios sobre literatura. Além disso, ele insistiu na inclusão de seu ensaio sobre o *Doutor Fausto*, de Thomas Mann, que ainda não havia sido traduzido entre nós.

Animada com o empreendimento, uma equipe de tradutores mais ou menos improvisada se encarregou da tradução: Carlos Nelson, Elio Gaspari, Luiz Mário Gazzaneo, Luiz Fernando Cardoso, Roberto Franco, Hilda Merquior e Giseh Vianna Konder (com quem, na época, eu era casado). E no começo de 1965 o livro foi lançado pela Civilização Brasileira: *Ensaios sobre literatura*, como o autor queria.

O êxito de *Ensaios sobre literatura* me animou a publicar meu primeiro livro, *Marxismo e alienação*, ainda em 1965. Acho, sinceramente, que, para quem estava começando, não me saí de todo mal. Acertei na escolha do tema, que vinha sendo indevidamente desprezado na literatura filosófica marxista. O conceito de *alienação*, para Marx, era da maior importância.

Meu pai, sentindo-se participante da aventura intelectual do filho mais velho — e abandonando o conselho que me tinha dado ("Diga bobagens, mas não as escreva") —, comprou diversos volumes e os distribuiu para os amigos que convidou para uma reunião.

Havia certa ingenuidade no meu trabalho. Um dos capítulos pretendia aplicar o conceito de alienação à relação dos povos chamados subdesenvolvidos com o mercado mundial e com os países imperialistas. Era, sem dúvida, uma abordagem abstratamente filosófica de problemas muito concretos. Desviava, inadvertidamente, a atenção do pesquisador das diferenças socioeconômicas e culturais dos países ditos "subdesenvolvidos" para o panorama geral proporcionado pela forma genérica da alienação, em seu movimento "universal".

O segundo livro foi encomendado para sair numa coleção intitulada Vida e Obra, da editora José Álvaro. A editora sugeriu Mao Tse-tung, eu sugeri Kafka; minha contraproposta foi aceita e, em menos de quatro meses, redigi o volume. Por que a redação foi tão rápida? Porque eu havia estudado toda a obra publicada de Kafka com a intenção de escrever um ensaio crítico sobre ele. A hipótese central do ensaio projetado ficou muito enfraquecida durante o fichamento e eu a abandonei (nem me lembro mais em que ela consistia). Graças às fichas feitas, entretanto, foi fácil escrever o texto de caráter introdutório.

Kafka, vida e obra também teve boa receptividade. Apesar de continuar admirando Lukács, me permiti um ato de insubordinação: minha apreciação de Kafka deixa transparecer um enorme encanto diante da literatura desse genial escritor. Evitei endossar as restrições feitas pelo filósofo húngaro ao escritor tcheco.

Para minha agradável surpresa, meu amigo Michael Löwy, 38 anos mais tarde, em seu belo livro *Franz Kafka reveur insoumis* (Stock, 2004), ainda se lembrou do meu livrinho e falou dele com simpatia (citando uma observação minha sobre o humor em Kafka).

O terceiro livro foi *Os marxistas e a arte*. Relendo-o, mais tarde, percebi que algumas questões eram bem mais complexas do que eu supunha e alguns autores mereciam uma atenção e um cuidado que eu nem sempre conseguira ter. O capítulo dedicado a Walter Benjamin, por exemplo, é flagrantemente insatisfatório: baseia-se tão-somente na leitura do ensaio benjaminiano sobre a reprodutibilidade técnica da obra de arte. Deixa de lado conceitos fundamentais da estética do magnífico ensaísta alemão.

No início de 1969, fui procurado por Fernando Peixoto, que sugeriu que nós ajudássemos o *Correio da Manhã*, jornal que estava sendo estrangulado pela ditadura. Escrevi uns seis ou sete artigos (sobre o Galileu de Brecht, sobre Madame Roland, sobre Maria Quitéria) e os publiquei com o pseudônimo de Leonardo Kramer.

De maneira geral, meus primeiros livros foram bem acolhidos pela crítica. O padre Henrique C. de Lima Vaz cobrou de mim que continuasse minhas pesquisas, que aprofundasse meu pensamento para ver no que dava. João Camilo de Oliveira Torres, conservador, escreveu que eu adotava "posições ousadas a respeito de arte e religião" e que elas não agradariam aos representantes do "marxismo ortodoxo". Otto Maria Carpeaux, Franklin de Oliveira, Valdemar Cavalcanti e Nelson Werneck Sodré manifestaram calorosa simpatia pelos trabalhos.

Algumas pessoas que me incentivaram esperavam muito de mim. Lembro-me, contudo, de ter me preocupado bastante com a disparidade que sentia entre meus conhecimentos "teóricos" e as necessidades práticas da luta política, especialmente da política cultural.

A União Soviética era para mim um elemento altamente complicador nas análises que nós, comunistas, éramos desafiados a empreender da situação mundial. Em debate na TV Bandeirantes, ao ver Merquior negando validade à dicotomia direita *versus* esquerda, recordei uma observação do filósofo francês Alain. O pensador francês dizia ter ouvido numerosas vezes a afirmação de que direita e esquerda faziam parte de um esquema comparativo superado, e acrescentava ter observado que, todas as vezes que essa afirmação era feita, ele, Alain, verificava que quem a fazia nunca era um homem de esquerda...

Merquior admitiu que no tempo de Alain a crítica era justificada, mas no nosso tempo (anos 1970) a contraposição havia perdido o sentido. E — provocadoramente — me perguntou:

— Você diria, Leandro, que Leonid Brejnev é um homem de esquerda?

Durante três ou quatro segundos, pensei na figura sinistra do burocrata de sobrancelhas hirsutas que assumira o posto de dirigente máximo da União Soviética e só pude responder:

— Em termos...

Na véspera da ida para Europa
(com a mãe e o irmão).

Apesar da cipoada que levei, fiz um esforço no sentido de criticar a atitude assumida pelo meu amigo em relação à filósofa Marilena Chauí, que ele havia caracterizado como autora de um plágio. Insisti na necessidade de que a obra da Marilena fosse respeitada, por seus méritos inegáveis. E tive a impressão de que Merquior ficou meio aborrecido comigo.

Marilena Chauí, entretanto, me enviou uma bela carta, dizendo que nossas idéias e posições, "embora nascidas num solo comum, caminham por veredas diferentes". E me agradecia por eu ter mostrado "liberdade de espírito", pois "só é livre quem não precisa da morte do outro para viver".

desgraças

Meu pai teve um AVC, passou seis meses no hospital e morreu, em fevereiro de 1968, antes de completar 60 anos.

O período do internamento do meu pai no hospital foi muito triste. Além do desenlace previsível, da agonia do dr. Valério, recebi a notícia da morte de dois amigos: Hugo Sérgio Koatz — o Maracaí dos tempos do serviço militar — surtou e se suicidou; e Celso Terra, diplomata, deslocado da Espanha para o Haiti, viu uma senhora se afogando numa enchente, pulou na água para salvá-la e morreu.

Ao ver, no velório, o meu amigo morto com uma medalha no peito, uma condecoração — dada pela ditadura haitiana —, o absurdo daquela situação me emocionou até as lágrimas.

Angel Crespo, amigo de Celso Terra, me escreveu uma carta emocionada, se oferecendo para terminar um trabalho que o nosso amigo morto estava escrevendo, porém não consegui convencer o editor a bancar a proposta do ensaísta.

As condições políticas, em dezembro de 1968, pioraram muito com o AI-5. A repressão se tornou mais violenta. Os cinco volumes do livro do Elio Gaspari elucidam o que se passava nos "porões" da ditadura militar. Nós sofríamos a coerção e pagávamos a conta.

Em 1961, eu tinha me casado com Giseh e nós alugamos um quarto-e-sala na rua Visconde de Pirajá, 477 (apartamento 503), onde moramos até o começo de 1969, quando nos separamos.

Foi uma época de muitas tensões e algumas viagens. Em 1967, ainda casado, fui à Romênia e à Itália. Viajar é ter ocasião de fazer novos contatos. O contato mais interessante que fiz na Romênia foi com um grupo de exilados espanhóis comunistas. Entre eles estava o general Modesto, figura quase mitológica da Guerra Civil Espanhola. Por delicadeza, o general não queria reclamar dos funcionários encarregados da limpeza do hotel onde estávamos; importunado por baratas, matava-as e as deixava, mortas, nos umbrais da porta do quarto para que os servidores as vissem e providenciassem a limpeza. Mas o método não funcionou. Quando o vimos chegar para o café-da-manhã, perguntamos:

— E as baratas mortas?

E ele, desconsolado:

— Se acumulam.

Em 1968, participei da delegação brasileira (organizada por meu amigo Luiz Mário Gazzaneo) ao Congresso da Juventude, em Sófia, na Bulgária. Tivemos contato com a delegação tcheca, que se queixou da grosseria com que era tratada pelas autoridades búlgaras. Dias depois, as tropas do Pacto de Varsóvia, lideradas pela União Soviética, invadiram a Tchecoslováquia, pondo fim à simpática experiência da "Primavera de Praga" ("um comunismo com rosto humano"). Carlos Nelson e eu condenamos por escrito, no *Correio da Manhã* (8/12/1968), a invasão.

Em 1969 fui a Berlim para receber uma medalha concedida pelo Movimento dos Partidários da Paz, como homenagem póstuma a meu pai. Viajei em companhia do escultor Honório Pessanha, premiado autor de um busto de Luiz Carlos Prestes. Passamos dois dias em Dakar, esperando a passagem para Moscou e Berlim (Oriental), que nos traria um funcionário da Aeroflot. Li no jornal que havia em Dakar um Centro de Artesanato, e lá fomos nós visitá-lo. Quando chegamos, entretanto, entramos numa paliçada e percebemos que éramos os únicos compradores em potencial. Fomos recebidos pelo alarido de várias dezenas de vendedores. Saímos correndo do local, perseguidos pelos artesãos, que brandiam os objetos que desejavam nos vender.

Aproveitei a ida a Berlim para desdobrar a passagem de volta e parar em Budapeste, onde fiz uma entrevista com ninguém menos que — adivinhem — Georg Lukács! Fazia anos que eu lhe enviava recortes com tudo que saía na imprensa sobre ele e sobre seus escritos, mesmo que ele não pudesse lê-los, por não saber português. Não os lia, mas via seu nome, às vezes sua foto, e agradecia. Quando lhe pedi a entrevista, ele não podia negá-la.

A entrevista que Lukács me concedeu saiu no *Jornal do Brasil*, no dia 4 de julho de 1969, com o título "A autocrítica do marxismo", escolhido para driblar a censura. Comemorei a publicação com os jornalistas: era a primeira vez, depois do AI-5, que um "jornalão" falava de marxismo numa manchete e dava tamanho espaço a um dos seus mais destacados teóricos.

Nesse período, me defrontei com o que bem mais tarde viria a constituir a questão central da minha tese de doutorado: o que aconteceu com as idéias de Marx ao serem assimiladas pelos brasileiros que se dispunham a nelas se apoiar para transformar a sociedade? Se nós, marxistas, estávamos numa situação ruim, cabia-nos investigar quais haviam sido os erros e as carências que nos deixaram tão enfraquecidos.

Uma nova desgraça, entretanto, se abateu sobre mim: fui preso. Vivi a semana mais desagradável de toda a minha vida. Fui trancafiado num cubículo do quartel da Polícia do Exército, e submetido à "lei" geral da tortura, então adotada naquele local. Num primeiro momento, protestei e exigi, como advogado, a presença de um representante da OAB (Ordem dos Advogados do Brasil). O sujeito que me ouvia se limitou a advertir:

— Fecha já essa latrina, se não vai receber uma porrada no meio dos cornos.

Aplicaram-me choques elétricos, para me convencer a "colaborar", quer dizer, entregar-lhes o endereço de José Salles, secretário de organização do PCB, que na época era casado com Marly Vianna, irmã de Giseh (de quem eu estava me separando). Expliquei que, por motivo de segurança, José Salles não podia dar seu endereço para um militante como eu. Portanto, eu não sabia. Mas eles custaram um pouco a se convencer disso.

exílio na alemanha

Quando me prenderam, também aprisionaram minha mãe e uma namorada de família conservadora, que não se interessava nem um pouco por política. Lurdinha — Maria de Lourdes, a namorada —, católica, que mais tarde se tornou uma importante museóloga, foi solta depois de três dias; eu fiquei preso oito; e minha mãe, inexplicavelmente, permaneceu trancafiada 11 dias.

Assim que saí, comecei a preparar minha ida para o exílio. Dois casais de alemães, completamente estranhos ao comunismo (um era socialdemocrata; o outro, democrata-cristão), se dispuseram a me ajudar, por pura solidariedade humana: Caio e Maritta Koch-Weser e Margareth e Lothar Kraft.

Fiz um curso de alemão, inicialmente em companhia de Lígia e Regina (secretárias das editoras Paz e Terra e Civilização Brasileira), Carlos Nelson e Leon Hirszman. Em português não há uma palavra específica para responder a uma pergunta formulada negativamente. Se alguém, por exemplo, nos pergunta: "você não vai ao cinema hoje?", se me limito a responder "sim" ou "não", a resposta será ambígua. Por isso, nós responderíamos à pergunta repetindo o verbo: "vou, sim". Os alemães possuem a palavra *doch*, que não tem tradução em português.

Foi aí que Leon Hirszman protestou, dizendo: tem tradução, sim. Em português a tradução é "sem essa!".

De nós cinco, fui o único a prosseguir no estudo. E me preparei para ir para a Alemanha em 1972, para uma temporada bem mais longa, que veio a ser de seis anos e meio fora do Brasil.

Orientado por um despachante, fui para São Paulo e solicitei um visto de saída, pagando taxa de urgência como se morasse lá. O mesmo funcionário policial que me deu o visto solicitou a informação ao Rio, que naquela época demorava dias para retornar. Veio a informação solicitada: eu não podia deixar o país. Mas o visto já havia sido entregue e eu já estava a caminho da Europa.

A publicação do volume coletivo intitulado *Realismo e anti-realismo na literatura brasileira*, pela Paz e Terra (na época dirigida pelo poeta Moacir Félix), amenizou um pouco a tristeza de quem partia. O livro continha também textos de Carlos Nelson, Luiz Sérgio Henriques, José Paulo Netto e Gilvan Ribeiro. O pequeno "exército de Brancaleone" dos lukacsianos brasileiros estava crescendo.

Na TV alemã, comentando o golpe no Chile.

Milton Temer e Cristina.

Outra coisa: eu estava envolvido numa relação amorosa com uma moça (Vanilda) que também ia para a Alemanha, para fazer um doutorado, porém nossos projetos eram divergentes, já que eu queria uma relação aberta — cada um morando em sua própria casa —, e ela não concordava com isso. Na Alemanha, ela ficou na Universidade de Frankfurt e eu, na Universidade de Bonn. Quando ela conseguiu obter todos os créditos de que necessitava, aconselhei-a a voltar para o Brasil e terminar no Rio a redação da sua tese. E ela ficou, compreensivelmente, magoada comigo.

Lukács tinha morrido, porém seus discípulos (os integrantes da chamada "Escola de Budapeste") procuravam me ajudar a encontrar um espaço em alguma universidade alemã para fazer meu doutorado. As agudas divergências filosóficas e políticas entre nós não impediram que os integrantes do grupo, cada vez menos lukacsianos, fossem solidários comigo. Agnes Heller tomou a iniciativa de escrever para o professor Hans Heinz Holz, da Universidade de Marburg/Lahn, me recomendando; e ele aceitou ser o meu orientador.

Ernst Bloch

O professor Gutierrez-Girardot me arranjou um lugar em Bonn, onde eu trabalhava como *Lektor*, dando aulas de português para estudantes alemães. Então, eu morava e trabalhava em Bonn e estudava em Marburg.

Marburg era uma pequena cidade linda, e foi lá que eu vi Ernst Bloch (1885-1977), filósofo marxista que seguia uma linha diferente da de Lukács. Estava com quase 90 anos, completamente cego, mas ainda tinha uma voz poderosa e era um orador excepcional. Ele mexia com as emoções do grande público estudantil presente ao encontro. Na sua fala, congratulou-se com os jovens por estarem maciçamente integrados à luta ("Não posso vê-los, mas sinto a presença de vocês"). Congratulou-se pelo apoio que os estudantes deram ao professor Hans Heinz Holz. E declarou-se afinal feliz de *ainda* estar em condições de participar de um ato como aquele que estava sendo vivido ("E estou feliz de ainda estar aqui").

Bonn também era uma cidade pequena, mas não era linda. Na universidade, dei oito cursos semestrais de português, somando, em quatro anos, 197 alunos. Na primeira aula de cada curso, eu costumava perguntar aos estudantes por que tinham resolvido estudar português. Acho que só recebi, de fato, uma resposta realmente muito interessante, de um certo Peter Kassian, que me disse:

— Em Portugal aconteceu uma revolução, a Revolução dos Cravos. E países onde ocorrem revoluções são países que passam imediatamente a me interessar.

Uma vez, Peter Kassian me convidou para irmos a Köln (Colônia), pois queria me apresentar a um autor cujos livros eu já conhecia: Leo Kofler, autor de *A ciência da sociedade*, *História e dialética*, *Contribuição à história da sociedade burguesa* e seis ensaios reunidos sob o título de *Dialética da cultura*. Tal como Hans Heinz Holz, meu primeiro orientador, em Marburg, Kofler tinha sido um dos entrevistadores de Lukács na preparação do livro *Conversando com Lukács*.

Acompanhamos uma aula de Kofler para garotos de 13 a 17 anos (ele preferia se comunicar com a garotada, não gostava das vaidades acadêmicas). Lembro-me bem de como começou a aula:

— Vim de trem, desci na estação, era muito cedo, então vim andando a pé e olhando a cidade. Gente, essa cidade é muito feia! Nela não existe espaço para velhos e crianças. Não existe espaço para quem não está participando diretamente da produção de mercadorias. E essa feiúra ética se manifesta na feiúra estética! — A meninada adorou, aplaudiu.

Margarete Kraft me apresentou ao professor Hariolf Oberer, que lecionava filosofia e conversava bastante comigo, divertindo-se (acho eu) com o meu marxismo. Um dia, Hariolf me disse que a vida humana era curta demais para permitir uma leitura conscienciosa dos dois únicos pensadores modernos e contemporâneos que tinham dimensões continentais: Kant e Hegel. E acrescentou:

— Dedico minha vida a estudar o filósofo Kant. E você está desperdiçando a sua a estudar, como marxista que é, o filósofo "errado", isto é, Hegel.

Minhas condições de trabalho na Universidade de Bonn eram bastante boas: eu tinha dinheiro e férias para viajar e tinha tempo para ler. Li todos os volumes da edição Dietz de Marx e Engels e li todos os romances da *Comédia humana*, de Balzac.

Apareci uma vez na televisão alemã, no programa do Werner Höffer, por volta de meio-dia. Tinha havido o golpe no Chile e um jornalista que me conhecia alegou que, na impossibilidade de convidar jornalistas chilenos (só conseguiram um!), era razoável que convidassem um brasileiro, latino-americano, para falar do "pinochetaço". O programa foi ao ar e o resultado foi ruim. O jornalista chileno estava muito emocionado, se expressava confusamente. E eu, com meus conhecimentos bastante precários do idioma alemão, só conseguia sustentar clichês e chavões.

Em outra ocasião, fui procurado por gente de uma emissora de rádio para falar sobre a morte de Vlado Herzog, no Brasil. Lembro-me de ter dito que conhecia o Vlado relativamente bem e duvidava da versão oficial, que afirmava que ele havia se suicidado.

Em Bonn, eu morava num apartamento de dois quartos e sala, no terceiro andar de um velho prédio, na Endenicher Allee, 86. Milton Temer morava na França, em Bourg-la-Reine, na Allée Lafayette, 7, apartamento 734. E Carlos Nelson morava na Itália, em Bolonha, na Via Gaudenzi, 7. Mas nos víamos sempre, em Paris. Em geral, aquele foi um período sereno.

Naqueles dias, porém, a situação se complicou, dolorosamente. Fiquei muito tenso, porque Rodolfo, meu irmão, tinha sido preso com o Vlado; tive medo de que o matassem. Merquior, que havia sido transferido para Londres, ligava para o Brasil, pedia informações sobre a situação do Rodolfo e me telefonava em Bonn, para me tranqüilizar.

Em Londres, tive menos contato com Merquior do que em Bonn. Estive com ele, entretanto, em mais de uma ocasião. Uma vez, participei de um inesquecível jantar com Carlos Nelson, Amélia e Cristina, o historiador Perry Anderson e a mulher dele, uma belíssima cineasta húngara que se chamava Gyöngy. Em outro momento, viajei para entrevistar Nicolas Krassó, e Hilda e José Guilherme me acolheram novamente, com a fidalguia habitual.

Sobre o encontro com Krassó, vale a pena dizer algo. Ele morava com a mulher num bairro pobre, num sala-e-quarto conjugado, praticamente sem mobília (um colchão no chão e alguns caixotes servindo de armário). Convidado para jantar num restaurante, aceitou sem hesitar, me dando a impressão de que ele e a mulher estavam famintos.

Perguntei-lhe por que não tinha continuado sua polêmica com Ernest Mandel a propósito de Trotski, e ele respondeu que o fato de a família de sua mulher — uma palestina 25 anos mais moça do que ele — fazer oposição ao casamento era algo que lhe causava um aborrecimento tão grande que o impedia de escrever.

Krassó, húngaro, tinha sido forçado a sair de seu país em 1956. Era uma figura muito impressionante. Quando alguém lhe perguntava alguma coisa, seus olhos, como duas brasas, faziam um movimento de *zoom* em direção ao interlocutor.

Contei esse encontro ao professor Gutierrez, sob as ordens de quem eu trabalhava na Universidade de Bonn. Gutierrez era uma figura simpática, um colombiano com evidentes raízes indígenas, radicado na Alemanha desde 1945, casado com uma alemã. Discutíamos a respeito de Lênin (que ele classificava de "mau caráter") e de Lukács (a quem não perdoava a "capitulação diante do stalinismo").

Gutierrez tinha sido aluno de Heidegger, mas se considerava um "heideggeriano-marxista". Com o tempo, passou a cobrar de mim uma revisão no meu projeto de tese de doutorado: queria que eu me transferisse de Marburg para Bonn, que trocasse Holz por ele como orientador e fizesse o meu trabalho sobre um escritor argentino (Roberto Arlt) e não sobre Lukács.

Nossas reuniões de trabalho aconteciam no início e no final de cada semestre, em estabelecimentos onde a equipe o ouvia contar casos engraçados de professores alemães e todos bebíamos bons vinhos. Como Holz adoeceu, eu acabei seguindo a sugestão de Gutierrez e ele passou a ser meu orientador de tese (em alemão: *Doktorvater*, o "pai do doutor"). Cheguei a escrever boa parte de uma primeira versão da tese sobre Roberto Arlt, porém nunca a terminei. O que chegou a ser feito (boa parte da tese) só foi possível a partir da ajuda de Delfina Linck, amiga argentina de minha irmã, Luiza. Ela me enviou as obras completas de Arlt.

Roberto Arlt, nascido em Buenos Aires em 1900, filho de pai alemão e mãe italiana, era um escritor extremamente original, que imaginou a criação de uma sociedade secreta, integrada por loucos e dirigida por um astrólogo, grande admirador de Lênin e de Mussolini. Arlt morreu, fulminado por um ataque cardíaco, em 1942.

os exilados e a política

Ao longo do primeiro ano de exílio, fiquei bastante isolado, e a solidão doía. Aguardando notícias do Brasil, me acontecia indagar de mim mesmo o que faria se a ditadura tivesse um êxito esplêndido na sua política econômica e durasse cinqüenta ou sessenta anos. Ou mais! Algo dentro de mim se recusava definitivamente a virar alemão.

Recebi convocação para uma reunião de exilados brasileiros em Paris, uma iniciativa do PCB. Compareci ao encontro e, em conversa com os companheiros, me dei conta de que a solidão era não apenas dolorosa, mas também emburrecedora. Reflexões que em Bonn me pareciam estimulantes se revelaram simplistas, tolas. A atividade política era essencial para que o pensamento recuperasse sua vitalidade.

Tratamos de nos organizar. Armênio Guedes — nosso "tio", como o chamávamos — dirigia uma assessoria do comitê central. Foram promovidos seminários, realizadas pesquisas, travadas discussões com diversas correntes de esquerda. Antônio Carlos Peixoto fez uma densa e sóbria exposição sobre os militares no Brasil. Carlos Nelson amadureceu as idéias que depois causaram impacto através da publicação do ensaio *A democracia como valor universal*. Aluísio Nunes Ferreira e Mauro Malin formularam observações instigantes sobre a história

Cristina em Paris.

da esquerda brasileira. E Milton Temer dirigia a produção do jornal *Voz Operária*, que o PCB tentava distribuir no nosso país, clandestinamente.

A organização cresceu, e exilados que estavam em outros países europeus se mobilizaram. Na Alemanha, Artur José Poerner; em Portugal, Roberto Ferraz do Amaral; na Itália, José Luiz del Roio; na Bélgica, Marco Moro. Esses — e outros, cujos nomes me escapam — se dispunham a fazer alguma coisa para expressar a recusa à ditadura militar.

Paralelamente às atividades da assessoria, a "base de Paris" (o nome vinha de "organização de base", designação que evitávamos porque achávamos cômica a sigla "ob") crescia em ritmo acelerado. Sérgio Granja, com seu bom humor, contribuía para isso. Foi lá que conheci Pedro Chaves dos Santos (Pedrão), Nena Rache, Jussara, Tarzan de Castro, Cecília, Vicente e a Cristina uruguaia, cuja coragem todos nós admirávamos.

A outra Cristina, brasileira, que era casada com Pedrão, estava se separando dele. E ela e eu começamos a namorar.

Na ocasião, ela me disse francamente que estava saindo de uma relação conjugal pesada e não queria compromisso sério. Como eu também estava saindo de duas relações pesadas (com Vanilda e com uma colega francesa da Universidade de Bonn, Andrée), pensei: "Que bom!"

Cristina, Ivan e dona Yone.

Apesar desse pacto que nos permitia evitar o exclusivismo monogâmico, acabamos seriamente envolvidos e eu, terminado o meu contrato de quatro anos (tempo máximo permitido pela lei) em Bonn, fui morar com Cristina em Paris.

As atividades da assessoria não eram apreciadas pelos assessorados do Comitê Central. Anita Leocádia Prestes e Giocondo Dias foram dos poucos dirigentes do PCB que compareceram — e ainda assim muito raramente — aos seminários. Luiz Carlos Prestes se manifestou francamente contra o pensamento que estava sendo desenvolvido pelos assessores e que estava prevalecendo na *Voz Operária*. O Comitê Central decidiu dar uma satisfação ao velho líder: "titio" Armênio foi mantido como responsável pelo jornal, mas Milton Temer deveria trabalhar sob o controle de dois dirigentes.

José Salles nos procurou para nos convidar — a mim e a Carlos Nelson — para um jantar com Prestes. Fomos ao jantar. Eu estava tão nervoso que, para abrir espaço na mesa, pus meu prato sobre os joelhos e o esqueci lá. Dissemos tudo que queríamos, fizemos todas as nossas críticas. Para nossa surpresa, Prestes declarou que respeitava Armênio, embora discordasse dele, porque ele era honesto, sincero, dizia o que pensava. E, no final da discussão, vendo que ninguém convencia ninguém, Prestes apelou para a disciplina partidária: a facção minoritária, derrotada, segue a linha traçada pela facção majoritária, vitoriosa.

Prestes dava por encerrada a nossa controvérsia e reclamava de nós que cumpríssemos os estatutos do PCB. Era uma solução que não solucionava nada. Quando, logo após a anistia, em 1979 ou 1980, ele regressou ao Brasil, já em conflito aberto com a maioria do Comitê Central, nós fomos visitá-lo no escritório de Oscar Niemeyer, com a proposta de que os prestistas participassem, com um terço, da direção de um semanário que estava para ser lançado (*Voz da Unidade*).

Prestes recusou a nossa proposta, admitiu francamente que era minoria vencida, mas não convencida. E advertiu que não ia cumprir as decisões da maioria, porque o caso dele era um caso especial; sendo quem era, não estava sujeito às normas dos estatutos, muito menos aos princípios do centralismo democrático.

milton temer

No exílio se consolidou a enorme amizade que me une a Milton Temer. Na saída do Brasil, não tínhamos podido planejar onde viveríamos e em que local moraríamos. Cada um de nós ignorava onde o outro estava. Com Carlos Nelson ainda consegui me manter em contato. Do paradeiro de Milton Temer, porém, nada sabia. Conheci-o em casa do meu pai, em 1965 ou 1966; lembro-me de tê-lo encontrado em debates políticos da classe artística, realizados em um teatro. Faltaram, contudo, ocasiões para uma convivência maior.

Um dia, andando em Paris, descendo o Boulevard Saint Michel em direção ao Sena, notei que um sujeito parecidíssimo com o meu amigo caminhava no sentido contrário. E ele, olhando para mim, se surpreendeu com o fato de estar vendo uma pessoa que era a minha cara. Ao descobrir que éramos nós mesmos, nos alegramos muito.

Antes de criar raízes em Paris, Temer foi para a Hungria; depois fez um curso na União Soviética, enquanto o Carlito se instalava em Bolonha, na Itália, e eu permanecia em Bonn. O quarto elemento da nossa "quadrilha", o Ivan Ribeiro, tinha residência em Roma: do terraço do apartamento dele se via o Campo dei Fiori, com a estátua de Giordano Bruno, que ali foi queimado em 1600.

Toda vez que eu olhava a praça pensava no filósofo rebelde italiano sendo queimado, com uma mordaça de madeira e metal machucando-lhe a boca, para impedi-lo de falar. E, como tenho algumas características hipocondríacas, em geral saía do terraço rouco. Numa dessas ocasiões um amigo italiano do Ivan estava lá e notou a minha rouquidão; simpaticamente, atribuiu a causa ao vento frio que anunciava a chegada do inverno.

Temer cuidou da *Voz Operária*, durante aqueles anos, com uma eficiência exemplar e também com muita alegria e um forte senso de humor. Tinha uma vigorosa vocação política e, no entanto, jamais puxava traiçoeiramente o tapete sob os pés de possíveis concorrentes. Não foi por acaso que ele veio a ser mais tarde deputado estadual e depois deputado federal, em duas legislaturas.

Observando-o, cheguei à conclusão de que ele tinha uma espécie de juventude que, paradoxalmente, cresce com o tempo e precisa de tempo para amadurecer.

Temer, em Bonn,
lendo os originais de
Introdução ao facismo.

ainda o exílio

Cristina e eu vivíamos com pouco dinheiro, com os dólares que o pai mandava para ela e para Marcela, a filha que tinha com Pedrão; e com os dólares que minha mãe me mandava (eram, ao todo, novecentos dólares). Fazíamos programas gratuitos, visitando primeiro as casas onde moraram grandes artistas, grandes escritores, grandes filósofos. Depois, passamos a visitar nos lindos cemitérios parisienses os túmulos das celebridades, a última morada dos autores que admirávamos.

Um dia, encontramos, na rua, Reginaldo di Piero, muito pálido, pois acabava de sair de uma clínica onde estivera internado para tratamento de uma depressão. Convidei-o a vir conosco, ele perguntou:

— Aonde vocês vão?

Expliquei:

— Hoje vamos visitar os túmulos de Baudelaire, de Balzac e de Stendhal.

Reginaldo achou melhor não participar do nosso programa de visitas macabras.

— Estou saindo de uma depressão, essas visitas não me fariam bem.

Uma vez por ano, minha mãe vinha do Brasil para me visitar. Minha irmã, Luiza, e seu marido, Antônio Carlos de Almeida Braga, também apareciam com alguma freqüência, de acordo com o calendário de eventos esportivos. Luiza aproveitava a paixão do marido pelos esportes e vinha nos ver, matar as saudades. Nas ocasiões em que nos encontrávamos, tínhamos almoços e jantares fenomenais. Braguinha, meu cunhado, se divertia com o grupo dos "comunas" brasileiros. Uma vez, no La Coupole, eles chegaram depois de nós e o Braga foi apertando a mão de todos e acabou apertando a mão de uns caras que estavam numa mesa que era o prolongamento da nossa. Luiza advertiu que eles não faziam parte do grupo. E o Braga, rindo, explicou:

— Eram barbudinhos, pareciam comunas cubanos.

A direção do PCB me incumbiu de fazer a revisão do segundo volume do livro de memórias de Gregório Bezerra. O primeiro volume tinha sido revisto pelo poeta Ferreira Gullar. Pedi que o Gregório ficasse morando conosco para consultá-lo a todo instante. Ele veio e passou cerca de dois meses conosco, na avenida Pasteur, 6, em Cachan. Pude conhecê-lo de perto e tive a sensação de que Gregório tinha a integridade de um santo. Achava engraçado quando ele criticava o socialismo suave de alguns companheiros e o chamava de "socialismo água de flor de laranjeira". Hoje, já não acho mais graça: esse socialismo diluído é um fenômeno preocupante.

Nos primeiros anos do exílio, viajei com minha mãe para vários lugares da Europa: Inglaterra, Escócia, França. Estive na Itália, na Sicília, na Dinamarca, na Hungria, em Portugal, na Grécia e na Espanha. Para ver meu irmão Rodolfo, fui a Londres e, em outra ocasião, à Bélgica; e fui a Nova York e ao Canadá (Montreal).

Merquior naquele tempo ainda servia como diplomata, em Bonn. Com freqüência, ele e Hilda me convidavam para jantares que eu, exilado, apreciava muito. A um desses jantares compareceu Fernando Henrique Cardoso, que estava de passagem pela Alemanha. Achei-o, pessoalmente, muito simpático. Na época, éramos ambos perseguidos

Dona Yone em frente à casa de Marcus Konder, bisavô de Leandro.

políticos, e essa condição vivida em comum facilitava certo entendimento através do diálogo.

Foi também em casa de Merquior que conheci um casal encantador: o professor Antônio Gomes Pena e a professora Marion. E conheci Fernando Pedreira, num jantar acompanhado de excelentes vinhos. Fiquei de pileque e entrei numa veemente discussão com Merquior e Fernando Pedreira. Fiz o elogio de Lênin, anunciei que o leninismo ia acabar destruindo a burguesia no mundo inteiro. Os dois riram muito.

Cemitério de Montmartre
(túmulo de Fourier).
Paris, fevereiro de 1996.

Em Londres, conheci Helena Gasparian, amiga de minha irmã, de quem me tornei também amigo. Os londrinos, ingleses — e os europeus em geral — tendem a considerar normal o corpo das pessoas que parecem ser inglesas. Acostumei-me a não perder tempo discutindo critérios estéticos para avaliação da "normalidade" corporal. Sei que minha cabeça é bastante grande. Entrei numa loja de chapéus para comprar uma boina. Preveni o vendedor britânico de que seria difícil encontrar uma boina grande o bastante para mim. Ele me assegurou que sua loja tinha boinas para todos os tamanhos. Foi ao depósito e trouxe diversos modelos grandes. Experimentei-os, nenhum serviu. O vendedor foi obrigado a reconhecer:

— *Sir, you do have a big head!* (Cavalheiro, o senhor realmente tem uma cabeça imensa!).

Também em Londres, atendendo a uma sugestão de Merquior, quando ele já havia sido transferido para a Inglaterra, apresentei meu amigo diplomata ao historiador Perry Anderson, que eu havia conhecido no Brasil.

Em Paris, contudo, mais do que em Londres, tive encontros que quero registrar. Conheci Brizola e Darcy Ribeiro. Brizola, que já tinha conhecido meu irmão nos Estados Unidos, foi muito gentil com "o irmão do Rodolfo". Darcy, com seu senso de humor altamente peculiar, ao sermos apresentados, me olhou e disse:

— Tinham me dito que você era bonito. E você não é bonito! Você é feio, tem uma cara de alemão, parecida com a do seu pai. Sou muito mais bonito do que você!

Túmulo de Baudelaire

(família do general Aupick).

Na livraria do Zé Maria Rabelo, conheci Miguel Arraes, que não me pareceu alegre com o encontro. Suponho que alguém (não o Zé Maria) já lhe tivesse falado de mim. E suponho que tenha feito a minha caveira, porque, a cada coisa que eu dizia, o bravo socialista pernambucano fazia uma careta de desgosto. Fiquei penalizado, porque Antonio Callado e Ênio Silveira tinham me falado de Arraes com muita admiração, e eu estava predisposto a simpatizar com ele.

Em Paris, conheci também o escritor espanhol Jorge Semprun, que entrevistei para a revista *Visão*. Submeti o texto à sua revisão; o homem sentou em cima da entrevista e nada de devolvê-la para publicação. O tempo foi passando e eu — brincando — ameacei: se ele não liberasse o meu texto eu comunicaria aos leitores que ele estava obedecendo às ordens de seu guru, Georges Marchais, secretário-geral do Partido Comunista Francês. Semprun riu e liberou o texto para publicação. Ele mesmo conta esse episódio no livro que escreveu sobre Yves Montand.

Max da Costa Santos sugeriu que eu aproveitasse o material que tinha nas mãos sobre a Alemanha e escrevesse um livro sobre o fascismo. Topei a parada e escrevi a *Introdução ao fascismo*, editado por Fernando Gasparian, da Paz e Terra.

Foi o único livro que consegui escrever no exílio. Na época, havia quem considerasse "fascista" a ditadura militar no Brasil. Essa classificação não me convencia. Preparei, então, uma introdução geral ao conceito de fascismo, com um mapeamento preliminar do pensamento da extrema direita. Foi um exercício um tanto incômodo: surpreendi-me com Mussolini, jornalista brilhante, mas ler os escritos de Hitler foi penoso.

Mussolini, que pertencera à ala esquerda do Partido Socialista Italiano, rompeu com seus companheiros socialistas e criou para o PS — que ele considerava "lerdo", "pesado" — o apelido "o Partidão" (*il Partitone*), que viria a ser usado mais tarde no Brasil para designar o Partido Comunista Brasileiro. O falecido historiador marxista Isaac Deutscher provavelmente incluiria esse episódio na sua coleção de "Ironias da História".

O livro teve boa acolhida. Luiz Werneck Vianna considerou "positiva" a minha incursão no terreno da ciência política. Quando, porém, menciona discretamente a falta de uma abordagem do "caso japonês" no quadro de referências do ensaio, o Werneck toca numa ausência significativa. Para discutir o conceito de fascismo em sua "universalidade", seria preciso ir além da estreiteza das imagens do universo, tais como estamos acostumados a vê-las na representação dos nazistas alemães e dos fascistas italianos.

Com Jorge Semprún, no Rio.

de volta

Para boa parte dos dirigentes do PCB, a política de abertura "lenta, segura e gradual", conduzida de cima para baixo, era uma armadilha perigosa, e sofreríamos golpes terríveis se nos expuséssemos. Nosso pequeno grupo achava que, embora ainda fosse conduzida de cima para baixo, a política de abertura resultava também da pressão da sociedade, e devíamos aproveitar a situação.

Para demonstrar o que dizíamos, resolvemos voltar ao Brasil antes da anistia. Por isso, em dezembro de 1978, Carlos Nelson desembarcou em Salvador, na Bahia. Milton Temer desembarcou no Rio. E eu desembarquei em São Paulo, com Cristina grávida, esperando o Caíto. Meu sogro, que era um desembargador muito conservador, membro da Opus Dei, procurava nos proteger e, sem se dar conta disso, chamou a atenção da polícia para o nosso caso. Fui detido no aeroporto; logo, porém, fui liberado. Telefonei para o "tio Armênio" e dei notícias em linguagem cifrada: titia está ótima. Por medida de precaução, os médicos decidiram que ela fica até amanhã no hospital. Com os meninos não houve problema: o comprido está curtindo o útero materno e o baixim já deve estar atravessando o samba em Vila Isabel, polemizando com o advogado que é cunhado da Leila Diniz (era Marcello Cerqueira).

Com a irmã, Luiza,

na casa de Balzac, em Paris.

Temer foi o primeiro a perceber que no PCB não havia espaço para as nossas idéias. De retorno ao Brasil, os dirigentes trataram logo de reassumir o controle da "máquina", do "aparelho" do partido. Começaram a usar com extraordinária freqüência o termo "eurocomunismo", que desqualificava o sujeito criticado, caracterizando-o como o adepto de um programa flexível, preconizador de um avanço feito através de reformas, em compromisso com o pluripartidarismo. Desvelando uma contradição escandalosa, a direção do PCB, um partido inequivocamente reformista, passou a acusar seus dissidentes de serem "reformistas", "oportunistas" e "eurocomunistas".

Não gosto deste termo, "eurocomunismo", que desvaloriza a originalidade da experiência dos comunistas italianos e supervaloriza a experiência dos comunistas franceses e espanhóis. O que pensávamos que era mais importante, o que melhor definia a nossa perspectiva, era o ensaio de Carlos Nelson: "A democracia como valor universal".

Esse ensaio saiu na revista *Civilização Brasileira* um pouco depois da nossa volta. Mais tarde, Carlos Nelson viria a lamentar que nele — na medida em que não se sublinhava a importância do socialismo — a exaltação do valor da democracia se prestava para uma leitura liberal, que facilmente descambava para uma indevida euforia. Não concordo com essa autocrítica. A exaltação do socialismo está presente em outros textos do Carlos Nelson, não tinha necessariamente que estar nesse. Os liberais não se equivocaram por não terem se defrontado com a proclamação da importância do socialismo. Equivocaram-se porque queriam.

reintegração

Brecht, que foi ele mesmo exilado, dizia que não há nada mais dialético do que a cabeça de quem vive no exílio. O exilado é obrigado o tempo todo a pensar no tempo. Suas certezas são infiltradas pela dúvida. Seu destino não se decide. Quando acha que está familiarizado com o lugar para onde foi jogado, alguém ou algo à sua volta lhe lembra a sua condição de "estrangeiro".

A impossibilidade de se familiarizar com a vida no exílio torna o medo de morrer mais agudo. O exilado volta e meia tropeça na seguinte questão: será que eu morro antes de poder voltar para a minha terra?

Além disso, o exilado se pergunta: será que, de volta à minha terra, não conseguirei reconhecê-la, de tanto que ela terá mudado? Ou formula outra indagação, ainda mais dramática: será que ela vai me reconhecer?

Nesse momento, é impossível não tomar consciência de que o retorno ao "lar", nos termos sonhados, de fato, jamais será possível. Algo se perdeu, irremediavelmente. E o sonho recheado de saudade com freqüência vira pesadelo.

Nosso grupo de comunistas brasileiros procurava não sonhar demais. Tentávamos acompanhar com atenção o que se passava no Brasil. Reuníamo-nos para ver se compreendíamos as mudanças. Sabíamos, contudo, que o quadro que íamos encontrar aqui nos surpreenderia.

Logo nos primeiros dias da volta, a convite do meu irmão, saímos caminhando pelas ruas de Ipanema, onde havíamos passado boa parte da infância e praticamente toda a adolescência. Notamos que as casas que antigamente predominavam tinham sido, em sua imensa maioria, substituídas por prédios de apartamentos. E notamos o crescimento das árvores nas ruas, cujas copas frondosas modificavam a temperatura e a luminosidade do bairro.

Depois, fiz passeios por diversos bairros da zona sul do Rio. Percebi que aumentara muito a demanda — e com ela a oferta — de sucos de frutas. Como a busca desenfreada do lucro não respeita valores éticos e critérios comprometidos com a saúde, percebi que também aumentara o consumo de tóxicos.

Georg Lukács: filósofo que amava Thomas Mann com a mesma arrogância com que condenava Franz Kafka

Idéias

O Mestre Pensador

Inimigo das vanguardas, homem de partido, filósofo olímpico, volta às livrarias o mais ambicioso marxista pós-Marx, Georg von Lukács

O "Arlequim" da ópera de Carlo Goldoni, "O Servidor de Dois Amos", sofre toda a sorte de peripécias até ser recompensado pela ousadia de servir a dois patrões, inimigos, com igual zelo e fidelidade. Georg von Lukács, nascido em Budapeste de pai banqueiro, foi o Arlequim mais felizardo do marxismo em seus 86 anos de vida. Servo de dois senhores honestamente incompatíveis — a boa filosofia, de um lado, e a política estalinista, de outro —, Lukács conseguiu agradar a ambos. Filosofou sob os auspícios do "Guia Genial dos Povos", e filosofou bem; passou incólume pelos processos políticos dos anos 30 e 50, que vitimaram tantos outros comunistas, e foi para a posteridade como o maior gênio da ortodoxia dialética. Ele está, agora, de novo entre nós — quer dizer, entre uns poucos de nós. Sua última obra, a "Ontologia do Ser Social", teve dois de seus oito capítulos traduzidos recentemente no Brasil por Carlos Nelson Coutinho.

Ainda inédita em língua francesa e espanhola, esta obra projetada para ser "O Capital" da modernidade (na qual todas as esferas da vida social, da psicologia à política ou à antropologia são passadas em revista de uma só vez) veio na boa companhia de um ensaio sobre a vida e a obra do filósofo húngaro — "Georg Lukács", de Leandro Konder. Trata-se de um livro sólido em suas pesquisas, equilibrado mesmo em suas simpatias, e indispensável — quer haja ou não uma *salson* Lukács nos próximos semestres.

FOBIA DA VANGUARDA — O perfil intelectual do pensador húngaro é feito de permanências e perjúrios, e sua obra mescla citações elogiosas a Stalin a uma surda batalha contra as idéias de Jdânov, o mandarim cultural do "Guia Genial dos Povos". Mas sua maior herança, como crítico literário, tem duas peças-chave. A primeira é a "teoria do reflexo", aquele critério segundo o qual toda boa arte deve refletir sua época — e cujo sucedâneo mais infeliz foi o "realistímetro" com que certos críticos cismavam medir tudo. A segunda é uma repulsa brutal pelas vanguardas.

Lukács amava os clássicos e chamava de "decadentes" Franz Kafka e James Joyce. Sua fobia à vanguarda era tal que, num ensaio de 1934, ele classificava o expressionismo alemão como o produto "dos nervos esfrangalhados de um cigano" — e decretava que existia ali algo objetivamente contra-revolucionário. O dramaturgo alemão Bertolt Brecht, também comunista, acusou-o na época de fazer uma política terrorista junto aos jovens escritores. Três anos mais tarde, uma exposição-repúdio dos expressionistas, organizada pelos nazistas com o título de "Arte

80 VEJA, 23 DE JULHO, 1980

Reportagem da revista *Veja* sobre Georg Lukács, publicada em 23 de julho de 1980.

Uma antiga amiga dos tempos de colégio, Yone Leite, nos levou (Cristina e eu) para jantar na Barra da Tijuca, na casa de outro amigo dos tempos de colégio, Letácio. Custamos a chegar, porque nos perdemos: a Barra, que era um areal com construções esparsas, tinha sofrido um processo de urbanização vertiginoso, com resultados um tanto problemáticos.

Não pude me dedicar a essas observações porque a vida prática me chamava e eu precisava cuidar da família, que logo aumentou, com o nascimento do meu filho, Caíto, em 15 de junho de 1979. As despesas com o parto foram generosamente bancadas pela minha irmã, Luiza. Essa situação, evidentemente, não podia continuar.

Fiz um acordo com a Procuradoria do Estado pelo qual me comprometi a não pedir indenização, e fui readmitido como assistente jurídico. O trabalho era chato, mas havia sempre a possibilidade de encontrar o procurador Otto Lara Rezende e bater um papo com ele. Lembro-me de um dia, em 1964, em que o Otto estava contando historinhas mineiras e foi interrompido por alguém que queria saber se ele havia lido uma extensa portaria do procurador-geral. Otto respondeu de imediato:

— Meu caro, eu ainda não li Dante, Petrarca, Virgílio, esses gênios da literatura! Como arranjaria tempo para ler a longuíssima portaria do ilustríssimo procurador-geral?

Acho que naqueles primeiros anos do retorno eu estava inseguro. Talvez por isso tenha escrito e publicado tanto. Queria me assegurar de que os leitores não me esqueceriam. Publiquei 13 artigos no *Jornal da República*, numerosas resenhas em *Leia Livros*, diversos artigos no jornal do PCB, *Voz da Unidade*, e várias resenhas de livros na revista *IstoÉ* e sobretudo na revista *Veja*. Fiz entrevistas com Antonio Callado e com Dias Gomes para a *Voz da Unidade*. Fiz para o *Globo* entrevistas com Oskar Negt (26/8/1981), com Adam Schaff (8/11/1981) e com Luciano Gruppi (24/4/82).

Fiz também — o que foi uma surpresa para todos, inclusive para mim — um poema intitulado "A verdade", dedicado a Cristina e publicado na *Folha de S. Paulo* (ver Anexo).

Para a pesquisa que eu fazia para a elaboração da minha tese de doutorado, consegui — graças a Edmundo Moniz, intelectual trotskista, amigo de meu pai — acesso a Mário Pedrosa, um dos dirigentes históricos mais respeitados do movimento trotskista internacional. E ele, animado com o diálogo, contou que, estando em Paris no final dos anos 1930, foi ao encontro de um companheiro, às margens do Sena. O companheiro não compareceu nem ao primeiro nem ao segundo encontro. Mário Pedrosa, então, já tendo desistido do "ponto", comprou um jornal e leu na primeira página que seu companheiro havia sido encontrado morto, afogado no rio. Apavorado, Mário contou-me que pegou o primeiro avião de volta para o Brasil. Como pude constatar, o braço de Stálin era longo.

Fui a Caxias do Sul para falar sobre Lukács. Fui a Salvador, para falar sobre o fascismo (minha abordagem irritou muito o jornal *A Tarde*, que, em 4 de junho de 1980, me chamou de "marxóide"). Fui a São Paulo para falar sobre "Sociedade civil e Estado no Brasil".

Naquele início dos anos 1980, já se podia falar contra a ditadura publicamente sem ser preso, embora ainda houvesse risco se as críticas fossem contundentes, ou supostamente articuladas com algum partido "subversivo". Contavam que, uma vez, num restaurante do Leblon, Otto Lara tinha subido numa cadeira e feito um discurso veemente contra os donos do poder, e todos se perguntavam quem era aquele orador brilhante e tão corajoso. Otto, então, encerrou sua fala, dizendo:

— E não vou me esconder atrás do anonimato. Meu nome — declaro aqui — é José Aparecido de Oliveira.

Critiquei nos romances de Paulo Francis a pobreza dos personagens femininos, e ele respondeu, sem se declarar convencido. Depois, numa longa entrevista concedida à revista *Status*, afirmou:

— Se uma crítica for inteligente, vale mais do que elogio idiota. Há tempos tive uma discussão por escrito com Leandro Konder, e, confesso, aprendi muito.

Conheci Francis quando ele era trotskista. Depois, virou conservador. Tem, com certeza, um lugar na história do nosso jornalismo. Seu talento sarcástico marcou época. Acho que nunca o entendi direito. E, talvez por não tê-lo entendido, acho que ele, apesar do que disse, não aprendeu muito comigo. Devo admitir a hipótese de que talvez ele não tivesse, mesmo, muito a aprender.

Acelerei minhas pesquisas sobre a recepção das idéias de Marx no Brasil (até o início dos anos 1930). Entrei em contato com Cristiano Cordeiro, pernambucano, que, após a morte de Astrojildo Pereira, se tornara o único fundador do PCB ainda vivo. Enviei-lhe uma carta, indagando sobre suas primeiras leituras marxistas, e ele respondeu com encantadora gentileza e me prestando informações minuciosas.

Leandro com Caíto, recém-nascido (1979).

cuba

Havia um clima político tenso, no que se referia a Cuba. Muita gente dizia que o governo dos Estados Unidos ia patrocinar uma nova tentativa de invasão da ilha. O escritor García Márquez convocou um Encontro de Intelectuais pela Soberania dos Povos de Nossa América, que se realizou em Cuba, em setembro de 1981.

Prestigiaram o evento escritores como Julio Cortázar (que não podia ir e mandou uma carta calorosa), Mario Benedetti, Néstor García Canclini, David Viñas, Manuel Scorza, Eduardo Galeano, entre outros.

A delegação brasileira, organizada por Fernando Morais, tinha mais de trinta integrantes. A figura de proa era o físico Mário Schenberg. Na época, não havia vôo direto para Havana, então fomos primeiro para Lima. No hotel, na capital do Peru, à noite, criamos um ambiente ameno, agradável. A pedido de Fernando Morais, que estava preocupado com certas manifestações de impaciência de Schenberg, contei casos engraçados e piadas. O grande físico riu e eu fiquei feliz, me considerei vitorioso. Até que ouvi o que ele disse para os companheiros que estavam sentados perto dele: "O Leandro é tão simpático que eu chego até a esquecer as tolices que ele escreveu sobre estética e filosofia."

Fernando Peixoto, grande gozador, meu velho amigo, me aconselhou:

— Continua a divertir o velhinho, mas de agora em diante vê se evita abordar temas estéticos.

Da delegação brasileira, além dos dois Fernandos e do Mário, faziam parte Frei Betto, César Vieira, Argemiro Ferreira, Boris Schnaiderman, Jorge Escosteguy, Carlos Dória, Ruth Escobar e Silvia Pimentel. Guardo lembranças vivas e gratas de todos eles.

Para me limitar a uma única historinha, recordo aqui um episódio que aconteceu com o jornalista Escosteguy, grande admirador de *mojitos* (bebida feita com rum e hortelã). Certa noite, de volta ao hotel, após mais um dia cansativo, Escosteguy pediu *mojitos* e não havia mais *mojitos*, porque acabara a hortelã ("*Se acabó la hierbabuena*"). Tinha havido uma reunião dos dirigentes comunistas cubanos e eles haviam detonado a *hierbabuena*. Escosteguy subiu em uma mesa e falou como se estivesse num comício, arregimentando os funcionários do hotel:

— *Compañeros! Eso nos es democracia! Porque o hay hierbabuena para todos o no hay hierbabuena para nadie!* — Os funcionários aplaudiram. Mas nós ficamos mesmo sem os *mojitos*.

Minha fala não mereceu a concordância de todos os membros da delegação. Ricardo Kotscho, que estava lá como enviado especial da *Folha de S. Paulo*, informou com fidelidade a seus leitores o que eu disse lá: "Leandro Konder afirmou que no Brasil a questão do 'imperialismo' está subordinada à questão da democracia" (*FSP*, 6/9/1981).

quatro anos, quatro livros

Publiquei, ao longo de quatro anos (de 1979 a 1982), quatro livros: *A democracia e os comunistas no Brasil, Lukács, O que é dialética?* e *Barão de Itararé, o humorista da democracia.*

O primeiro dos quatro é um trabalho muito "datado", comprometido com circunstâncias que em seguida se modificaram bastante. O título mais adequado seria: Os comunistas e a democracia no Brasil, já que a maior parte do tempo eu discorri sobre como os comunistas viam a "democracia" e não sobre como a "democracia" via os comunistas.

Creio que o volume sobre Lukács nasceu mais sólido, mais amadurecido que os livros que o antecederam. Beneficiou-se da minha experiência de tantos anos de convívio com o pensamento e com as obras do filósofo húngaro. Além de documentos preciosos, consegui uma cópia datilografada de um trecho ainda inédito da *Ontologia do ser social.*

Reconstituí o movimento do pensamento filosófico-político de Lukács, procurando detectar com sobriedade alguns momentos nos quais predominou a dimensão da continuidade e tentando localizar exatamente onde se deram as rupturas.

Na coleção de divulgação publicada pela Brasiliense, lancei um livrinho que me deu uma grata surpresa: *O que é dialética?*. Virou o meu

Com os irmãos: Luiza e Rodolfo.

best-seller. Vendeu mais de vinte edições. Até hoje, aparecem pessoas que vêm me abraçar e me identificam como autor desse livrinho ágil, mas inevitavelmente um tanto superficial.

Procurei evitar fazer concessões aos consumidores de idéias pré-digeridas, porém lutei muito para tentar simplificar os termos filosóficos utilizados e para tentar fazer um bom trabalho de divulgação.

O quarto volume era um pequeno ensaio sobre o jornalista Aparício Torelly, vulgo Apporelly, autocondecorado com a medalha dos heróis da Pátria, concedida por sua participação na batalha de Itararé, que, pelo volume das tropas envolvidas, seria a maior batalha da América do Sul. Só que ela não aconteceu, os generais dos dois lados fizeram um acordo, Washington Luiz foi deposto e Getúlio Vargas assumiu. Apporelly se concedeu a medalha por bravura no campo de batalha. Também se deu o título de duque, logo substituído pelo de barão (como prova de modéstia).

No começo dos anos 1980, o Barão já tinha morrido e as novas gerações não conheciam sua obra. Não tendo publicado livros, o Barão deixou seu humor espalhado por jornais antigos e muito parcialmente reproduzido por três "almanhaques" (almanaques do jornal *A Manha*, que era o próprio jornal do humorista). Meu livrinho representou uma tentativa de resgatar do esquecimento a verve, os chistes, a ironia de Apporelly.

A gente não escolhe a família em que nasce, não dispõe do poder de negar a parentela e renegar os antepassados, as matrizes do nosso DNA. Na eleição dos artistas, filósofos e escritores que mais admiramos, entretanto, somos livres para explicitar nosso pertencimento a uma família intelectual, a uma família de tipo especial. Escrevendo sobre o Barão de Itararé, me senti meio sobrinho dele, por afinidade. Tive a impressão de que ele me dava uma pista para que eu entendesse melhor alguns pontos nos quais a esquerda podia ser diferente do que vinha sendo, podia ser melhor do que era. E um desses pontos era a excessiva "seriedade" com que ela se apresentava, o fato de se levar muito a sério.

O humor cria a possibilidade de atenuar o inevitável sofrimento do necessário aprofundamento da crítica e da passagem da crítica à autocrítica. O humor, nas suas melhores expressões, sempre nos surpreende, por isso consegue, ao menos momentaneamente, sacudir a poeira das convicções enrijecidas. Outra característica fascinante do humor é a sua enorme diversidade; ele pode se expressar através da truculência de um Henfil, ou de um Marcelo Madureira, como pode também emergir da argumentação política sutil de um Leo Lince.

Recordo um pequeno texto de Millôr Fernandes que talvez seja, nas suas dimensões, o mais ferino comentário à onda de corrupção atual: "Não se pode deixar de ter saudades de tempos mais tranqüilos, tempos em que a humanidade era mais pura e inocente, como em Sodoma e Gomorra." E me encanto revendo uma charge de um dos fantásticos irmãos desenhistas, Paulo ou Chico Caruso, que mostra Marx mijando na estátua dele, posta sobre seu túmulo (revista *IstoÉ*, especial, 1983).

Em Brasília, em 1985, um repórter do *Correio Braziliense* perguntou se eu não achava que o livro sobre o Barão de Itararé "destoava" do conjunto dos meus escritos. Respondi que o conjunto dos meus escritos é que destoava do livro dedicado ao Aporelly.

curriculum mortis

A essa altura dos acontecimentos, eu já estava convencido de que devia fazer carreira universitária. Estava lecionando uma disciplina intitulada Metodologia das Ciências Sociais no Núcleo de Pesquisa e Pós-Graduação do Instituto Metodista Bennett (de 1982 até 1986) e sonhava com um lugar no ensino público. Para isso, precisava do título de doutor. Um encontro com o professor Antônio Gomes Penna, que tinha sido professor de minha irmã Luiza e era muito amigo do Merquior (e se lembrava de um encontro nosso em Bonn), me levou a me inscrever no doutorado de filosofia da Universidade Federal do Rio de Janeiro.

Meu currículo não estava ruim, porém misturava trabalhos acadêmicos com textos jornalísticos. Esta sempre foi a minha tendência: procurar me mover em ambos os terrenos. O rigor acadêmico me seduzia, mexia com uma ambição subterrânea que eu evitava admitir: a ambição de me tornar um sábio. Por outro lado, sempre achei ótimo usar o conhecimento numa linguagem mais próxima do leitor, difundindo jornalisticamente as idéias em que acredito, lutando por elas.

Aprofundar a compreensão das coisas (na universidade) e intervir nelas, respeitando os compromissos assumidos na ética e no conhecimento (jornalismo). Realmente, eu não conseguia optar por um e largar o outro. Resolvi organizar um conjunto de textos predominantemente jornalísticos para publicá-los em livro, na esperança de que, lidos em conjunto, parecessem mais compatíveis com as exigências da academia. Pedro Paulo de Sena Madureira me apresentou a Sérgio Lacerda, o filho mais velho de Carlos Lacerda. Foi, então, encaminhado à editora Nova Fronteira o meu décimo livro, que acabou sendo intitulado *O marxismo na batalha das idéias* (1984).

Como é freqüente em coletâneas de ensaios, essa também era um tanto irregular. Nela, porém, se destaca, para mim, um ensaio que, mais claramente do que os outros, expressava a disposição com que eu enfrentava o desafio de aprofundar o autoquestionamento sem renunciar a uma perspectiva de esquerda. O ensaio se intitulava: *O curriculum mortis e a reabilitação da autocrítica.*

Tenho a impressão de que esse pequeno ensaio foi como o início de um novo período no meu trabalho. A autocrítica estava bastante desmoralizada pelo stalinismo; tinha passado a ser um ritual encenado segundo o qual um ator (comunista militante), ao se defrontar com uma situação de derrota, declarava reconhecer que estava errado e prometia corrigir seu erro, seguindo a linha dos vitoriosos na luta interna e assegurando sua permanência no partido. O próprio Lukács fez algumas autocríticas ambíguas, suspeitas, realizadas sob pressão e talvez não isentas de algum oportunismo.

Em 1984, eu já estava convencido de que a autocrítica era um desafio essencial: era o complemento imprescindível da crítica.

Concentrei-me, então, por um momento, num texto que todos conhecemos, que somos obrigados a escrever quando nos candidatamos a um emprego ou a uma promoção: o *curriculum vitae.*

Não necessariamente no tom de auto-elogio, que freqüentemente assume, porém em sua própria estrutura, ele é uma meia verdade, um sucedâneo das antigas epopéias, uma coleção de vitórias. No entanto, se formos honestos, seremos obrigados a reconhecer: ninguém é filho exclusivamente de seus êxitos. As derrotas contribuem decisivamente para plasmar nosso caráter.

Cobra-se do *curriculum vitae* que ele seja verdadeiro no que informa; e implicitamente se aceita que ele minta no que deixa de informar, sonegando as informações a respeito do "lado noturno" da experiência da pessoa.

Sou o que sou em função do que deu certo, mas também em função do que não deu certo na minha vida. Por isso, a ideologia "triunfalista" do *curriculum vitae* peca sempre por omissão; deve sempre ser submetida a um cotejo com as marcas dos fracassos, que costumam ser camuflados e no entanto são fundamentais no conhecimento dos seres humanos: deve ser submetida ao cotejo com o *curriculum mortis*.

Quando o livro saiu, esse ensaio despertou reações apaixonadas (pró e contra) em alguns círculos. Lembro-me de um jovem companheiro que dizia mais ou menos o seguinte:

— Essa autocrítica radical é masoquista. O *curriculum mortis* da esquerda vai levar água para o moinho da direita, vai dar armas para os nossos inimigos usarem contra nós.

Achei a observação interessantíssima. Admiti que o risco podia existir, de fato, se a linguagem não fosse adequada, se houvesse interferência de motivações masoquistas (como em alguns personagens de Dostoiévski), se faltasse bom senso político. Insisti, porém, na minha convicção de que uma idéia, em princípio, deve ser julgada por sua contribuição potencial para o avanço do conhecimento; e, a partir daí, investigada em suas possíveis conexões com as distorções ideológicas.

O que nos permite avaliar a idéia do *curriculum mortis* é uma autocrítica lúcida, corajosa e bem-feita, e não uma auto-humilhação patética, ou uma mera "entrega" de informações ao adversário (ou ao concorrente).

Carlos Nelson, Michael Löwy e Leandro, em 1992.

Para ser coerente com o que pensava a respeito do senso de humor (a respeito do papel que ele desempenha na atenuação das dores da autocrítica), aproveitei uma imagem de Baudelaire e comparei os artistas às putas. Mauro Malin assimilou bem a brincadeira e comentou: "Os textos sobre Gramsci e o *curriculum mortis* são alusões brilhantes ao 'lado noruega', como disse Pedro Nava, de todos nós" (*O Globo*, 10/6/1984). Fernando Segismundo, porém, se aborreceu com o "mau gosto" e com a referência à "prostituição". Acusou-me, num livro dedicado a problemas da teoria, de ter "cerrado o coração" aos operários e só me interessar pelos intelectuais, pelos teóricos. Repeliu minhas críticas à União Soviética, alegando que "no tempo de Lênin e Stálin a União Soviética configurava-se como potência e hoje [1984] se afirma como superpotência".

O marxismo na batalha das idéias tinha 28 ensaios, sobre temas tão diversos como Rosa Luxemburg, Carlos Drummond de Andrade, Freud, Gramsci e Cortázar, entre outros.

Em 1983, Marx foi homenageado pelo centenário de sua morte, por meio de um livro intitulado *Por que Marx?*. A publicação resultou numa colaboração com Eurico de Lima Figueiredo e Gisálio Cerqueira Filho; juntos, fizemos um grande esforço, superamos divergências sobre como devia ser o livro e recolhemos numerosos artigos, de diversas personalidades. Minha contribuição pessoal ao volume foi um artigo sobre "Marx e o amor". Para minha agradável surpresa, Paulo Francis o considerou "um artigo erudito e delicioso" (*Folha de S. Paulo*, 19/3/1983).

doutorado

Nem a necessidade da concentração me levou a interromper a atividade política e jornalística. Carlos Nelson permaneceu durante alguns anos um "comunista sem partido". Temer e eu entramos no PMDB, depois ingressamos no PSB (Partido Socialista Brasileiro). Temer foi eleito deputado estadual e me requisitou para trabalhar com ele como assessor.

Em março de 1984, pressionado pela professora Ismênia de Lima Martins e por seu filho, Guto, fiz concurso para me tornar professor do Departamento de História da Universidade Federal Fluminense. No mesmo ano, depois de ter passado em primeiro lugar na UFF, na avaliação de uma banca composta por Maria Yedda Linhares, Pedro Celso Uchoa Cavalcanti e Gerson Moura, fui contratado também pela PUC do Rio. De início como "horista", trabalhando no Departamento de Ciências Sociais; e em 1985 no Departamento de Educação, no quadro fixo.

Na UFF, fiz boas amizades: Virginia Fontes (que na época usava chapéus grandes, exóticos e bonitos), Sônia Mendonça, Angela Castro Gomes, Magali Engel, Vânia Fróes e Vânia Magalhães. Fui companheiro de sala de Francisco Alambert e de Fernanda Bicalho. Admirei no dia-a-dia o trabalho de mestre Ilmar Rohloff de Mattos e de Margarida de Souza Neves, a Guida.

Tive boas conversas com Francisco Carlos Teixeira da Silva, que, espontaneamente (e com muita habilidade) atuou como mediador numa discussão que tive com Daniel Aarão Reis (então diretor do departamento) a respeito da obrigatoriedade de todos os professores — inclusive os de vinte horas — participarem de todas as reuniões.

Em 26 de maio de 1987, defendi a tese no Instituto de Filosofia e Ciências Sociais da UFRJ. Inicialmente, meu orientador era Olinto Pegoraro; depois, passou a ser Gerd Bornheim. Aquiles Cortes Guimarães presidia a banca da qual faziam parte, além do Gerd, Kátia Muricy, Luiz Werneck Vianna e Ciro Flamarion S. Cardoso. Foram todos muito cordiais, me aprovaram por unanimidade, com nota dez.

A partir da defesa da tese, que teve excelente repercussão (saiu como matéria de primeira página do Caderno B do *Jornal do Brasil*), recuperei a plena autoconfiança. Desapareceram os momentos em que tinha a impressão de que precisava me fazer lembrado do público leitor, que em boa parte me teria esquecido durante o exílio.

A tese logo apareceu em livro — *A derrota da dialética* — e suscitou controvérsia.

Uma primeira questão foi proposta já na argüição de Kátia Muricy e foi reproposta muitas vezes por vários colegas (o que mostrava a sua pertinência): se os comunistas brasileiros tivessem assimilado melhor a dialética, se tivessem sido mais dialéticos, teriam tido mais êxitos e menos derrotas? Respondi, com alguma hesitação, que a história poderia ter sido um pouquinho diferente, mas com certeza não teria sido substancialmente outra. E lembrei a frase de Voltaire, que advertia que a filosofia nunca ajudou a fazer bons negócios, mas ajuda a suportar os prejuízos.

Outra questão se referia à minha concepção da dialética. E quem desceu à arena para enfrentar o pérfido "revisionista" foi Luiz Carlos Prestes. Numa entrevista concedida a Manuel Wambier e Dalva Ventura, para a revista paranaense *Nicolau* (julho de 1989), Prestes me acusava de ter adotado uma concepção idealista da dialética, abandonando a dialética materialista. Seria uma discussão interessante, se ela viesse a ser feita. Em que consistiria o materialismo da dialética? Karl Marx — eu lembraria — jamais empregou a expressão "materialismo dialético". Dentro de suas limitações, apontadas nas "Teses sobre Feuerbach", o materialismo — eu perguntaria a Prestes — algum dia conseguirá enfrentar o desafio de dar conta da intervenção ativa do sujeito na construção do conhecimento (como, segundo Marx, fizeram alguns idealistas)?

Prestes tinha uma visão diferente da minha, é claro, no que concerne à dialética. Tenho a impressão de que, para ele, a lógica dialética constituía um sistema fechado, acabado, insuperável. A dialética, a seu ver, teria uma dimensão épica: nascera para ser invencível. Não podia sofrer nenhuma derrota. Ser derrotada, para ela, seria a morte.

De repente, me vem à memória uma passagem do romance *Um belo domingo*, de Jorge Semprun, no qual o protagonista dizia a seu amigo Barizon: "A dialética, meu velho, é a arte e a maneira de sempre cair de pé."

Talvez por isso, o meu ex-secretário-geral dos tempos do PCB tenha se equivocado ao mencionar o título do meu livro. Em lugar de *A derrota da dialética*, ele — num curioso "ato falho" — se referiu à *Morte da dialética*.

Também José Nilo Tavares tinha alguma dificuldade em aceitar a ênfase que eu punha nas rupturas drásticas de uma dialética que não se desviava do desafio de criticar a si mesma. Para ele, não havia na dialética, tal como a concebiam os marxistas, nenhum problema que uma boa reforma não pudesse resolver. E, numa resenha simpática publicada em *Senhor* (4-7-1988), José Nilo também cometeu um "ato falho": falou do meu livro como se o título fosse *A reforma da dialética*.

A dialética era, sem dúvida, o tema mais complicado, aquele que mais se prestava a mal-entendidos. Wilson Coutinho, ex-marido de Kátia Muricy, viu no meu diálogo com ela uma reedição do debate possível entre Descartes e Pascal. Recusei, porém, o papel de Descartes, assumindo certa afinidade com a teoria pascaliana da "aposta", que me parecia mais dialética do que as concepções de Descartes. Lembrei que Lucien Goldmann já havia enxergado esse importante ponto de contato entre Marx e Pascal. Wilson Coutinho, então, conciliou: "Foi um diálogo entre dois Pascais."

discussões

A preparação para a defesa de tese não me afastou do jornalismo. Em 1985-86, publiquei oito artigos na *Folha de S. Paulo*; quarenta em *O Paiz*; 19 no *Globo*. Antes, havia publicado 92 artigos no *Diário da Manhã*, de Goiânia, em 1982-83. Nada me inclinava a admitir que a universidade me afastasse da vida política, dos conflitos do "homem comum" na vida cotidiana.

Participei do Congresso Brasileiro de Escritores, realizado em São Paulo, em abril de 1985. Vivi, aliás, uma situação curiosa: por sugestão de Hélio Pellegrino, fiquei incumbido de relatar ao plenário de forma sintética as propostas apresentadas pelo próprio plenário. Como achei as propostas ruins, não as sintetizei e as devolvi tais como haviam sido apresentadas. Houve uma compreensível reação irritada do plenário. Foi então que o escritor Deonísio da Silva subiu ao palco onde eu me encontrava para me dar apoio. E fomos ambos vaiados por cerca de trezentas ou quatrocentas pessoas.

Felizmente, o incidente foi esquecido e as atenções se voltaram para o discurso de Sarney, o presidente que assumia finalmente a cadeira que Tancredo deixara vaga ao morrer.

Por temperamento, não sou inclinado a polêmicas. Em alguns momentos, talvez chegasse a dizer, como o conselheiro Aires, de Machado de Assis: "sofro de tédio à controvérsia". Quando, porém, uma diferença precisa ser esclarecida, sinto-me obrigado a esgrimir argumentos. Procuro formulá-los, em geral, de maneira a não ferir suscetibilidades. O esclarecimento não pode se reduzir a cascudos e pancadas. É necessário desenvolver uma arte específica para discutir, reconhecendo as complicações. E a dialética é mestra em criar situações nas quais as diferenças proliferam e os esclarecimentos resvalam na ambigüidade.

Numa comemoração importante do bicentenário da Revolução Francesa, encontrei, em São Paulo, Merquior e Rouanet, empenhados em discutir a significação atual daquele processo. Darcy Ribeiro, que também estava presente, fez uma palestra, lembrando que a idéia de derrubar a classe dominante e fazer uma revolução tinha nascido da reação dos índios brasileiros que, levados para a França, dialogaram com Montaigne. O filósofo francês registrou a opinião dos índios; e mais tarde a idéia de revolucionar a sociedade, tornando-a mais igualitária, foi lida por um admirador de Montaigne: Jean-Jacques Rousseau, o inspirador-mor de Robespierre.

Darcy, em seu estilo enfático, resumiu o processo em uma fórmula:

— Foi o índio brasileiro que fez a Revolução Francesa.

Eu estava sentado ao lado do bravo historiador mineiro Francisco Iglesias e notei que, em diversos momentos da exposição feita por Darcy, Iglesias murmurava:

— Impressionante.

Terminada a palestra, indaguei do autor de *Historiadores do Brasil* o que lhe parecera tão impressionante na fala de Darcy. E ele me respondeu que ficava impressionado com a "cara de pau" de seu conterrâneo, que havia utilizado as informações constantes do livro *O índio brasileiro e a Revolução Francesa*, de Afonso Arinos de Melo Franco, obra pioneira nesse campo, e jamais havia citado sua fonte exclusiva.

Cada vez mais convencido de que as mudanças na teoria dependiam de mudanças práticas, passei a dialogar com alguns jornalistas a respeito da necessidade de iniciativas políticas ousadas, na expectativa de que elas pudessem vir a criar inovações teóricas imprescindíveis para a superação efetiva da petrificação das instituições criadas na União Soviética.

Essa idéia foi exposta, fragmentariamente, a jornalistas como Ricardo Boechat, Mario Marona e Cid Benjamin, e levada ao conhecimento do veterano João Rath. O tema da colaboração entre a dialética e o pluralismo nos punha diante de questões bastante complicadas, e cobrava de nós uma crítica implacável à União Soviética, cuja estrutura estava montada, na prática, no sacrifício da dialética e no cerceamento do pluralismo.

Tentei trazer ao Brasil o marxista austríaco Ernst Fischer, no final de 1963, mas a repressão desencadeada pelo golpe de 1964 tornou o projeto inviável. Tentei trazer, também, em 1995, o marxista tcheco Karel Kosik, mas ele explicou num cartão, gentilmente, que estava doente. Eu estava convencido de que precisávamos das fontes externas da reflexão marxista, embora as batalhas decisivas devessem ser travadas no Brasil, entre nós, internamente, em função das demandas da nossa sociedade.

Desde 1971 mantive correspondência com o grupo de amigos e discípulos de Lukács, do qual faziam parte Agnes Heller, Ferenc Feher, Mihaly Vajda e Gyorgy Markus. A correspondência foi intensa até 1975; foi reanimada em 1983 e cessou em 1986. As divergências que existiam entre o grupo e Lukács nos irritavam um pouco; Carlos Nelson, Cristina e eu passamos a nos referir aos budapestinos como os "budapestinhas".

Agnes Heller esteve diversas vezes no Brasil. Numa delas, em 1997, fez uma palestra sobre a mudança de paradigmas na sociedade contemporânea. Soube depois que, por indicação dela, fui escolhido

Com Mario Marona, Cristina, Temer e Cid Benjamin.

como debatedor. Como tal, critiquei a preferência da filósofa húngara pelo liberalismo, em caso de conflito entre liberais e democratas.

Gerard Lebrun publicou um livro intitulado *O avesso da dialética*, argumentando que a dialética, sendo fiel à sua inquietação radical rebelde, não podia se apoiar na razão para promover a revolução, já que sua dinâmica a empurrava, dialeticamente, para uma autonegação. Respeitosamente, repliquei que ele, Lebrun, se via posto no mesmo impasse da dialética, pois a credibilidade da sua crítica dependia de sua capacidade de se colocar — como na canção de Caetano Veloso — no avesso do avesso da dialética (*Jornal do Brasil*, 26/11/1988).

Alain Touraine propôs, para amenizar as dores dos povos reduzidos à miséria e à ignorância, uma ação "gradualista" de difusão da "grande cultura universalista". Talvez por não ver com simpatia as tendências teóricas atuais que renegam qualquer compromisso com a universalidade (como se fosse possível eliminá-la), tive um primeiro movimento de simpatia pela proposta. Logo, contudo, me dei conta de que o conceito de cultura universalista não pode desempenhar o papel para o qual está sendo indicado. Escrevi um artigo lembrando que não existe uma cultura universal constituída e perguntando ao ilustre sociólogo: na medida em que todas as culturas particulares têm um potencial de universalização, quem se permitiria falar em nome do universal? (*Folha de S. Paulo*, 18/4/1989).

Ainda em 1989, tive, não tanto discussões, mas conversas com Rubem Alves, Elter Dias Maciel e Jether Ramalho sobre as complicações que surgiam no caminho dos marxistas. Lembro-me de que, em determinado momento, um dos teólogos protestantes (se não me engano, Jether) perguntou se o poder do homem livre de se tornar, no comunismo, tal como Marx o concebia (na *Ideologia alemã*), um pintor de manhã, um pastor ao meio-dia, um filósofo à tarde, um músico à noite, não era utopia? Respondi que sim, era utopia.

Reconheci que a "tradução" direta da utopia em programa político era extremamente problemática em suas conseqüências. Apesar de tudo, no entanto, precisávamos estar atentos para aquilo que, na utopia, ampliava o campo do que podia ser pensado.

Os teólogos, ao se ocuparem de Deus (*theo* + *logos*), desempenham um papel importante no esforço necessário para a superação do relativismo e o resgate do absoluto. Essa posição me levou a ser chamado de "monge leigo" por Paulo Francis (21/2/1993).

Em 1993, fui convidado para participar de um seminário que reunia, entre outros, os teólogos católicos Francisco Ivern, Henrique Cláudio de Lima Vaz, Marcelo Perine, Maria Clara Bingemer e Paulo Fernando T. de Andrade. Além desses teólogos, estavam lá (em Paulo de Frontin, no Rio) o antropólogo Luís Eduardo Soares e a minha cara amiga Guida — Margarida de Souza Neves. A coincidência de valores empenhados em combater a metodologia relativista e estimular a compreensão da História foi considerada muito animadora. Foi a minha presença nesse encontro que levou Paulo Francis a me chamar de monge leigo.

As discussões especificamente políticas, como era de se esperar, eram mais "quentes" do que as tertúlias com sociólogos, teólogos e filósofos. E já em 1988 o panorama dava indícios de que, com a campanha eleitoral, o Partido dos Trabalhadores (PT) cresceria muito. Naquele período já estávamos fora do PCB, que repelia nossas propostas de modernização. Ao retornarmos ao Brasil, o deputado federal Roberto Freire, entre os dirigentes do PCB, nos parecia próximo de nossas posições. Queríamos um partido de massas laico, pluralista, sem ditadura do proletariado, porém comprometido com os trabalhadores, verdadeiramente socialista e, sobretudo, democrático.

Os dirigentes do PCB nos excluíram do partido e, depois de algum tempo, acabaram assumindo nossas posições. Em 1991, Roberto Freire conseguiu se eleger presidente do PCB, que mudou o nome para

Partido Popular Socialista (PPS). Numa entrevista ao *Jornal do Brasil* em 9/6/1991, perguntaram-lhe o que o partido pretendia fazer com os excluídos que tinham defendido, com antecipação de alguns anos, o modelo de partido que fora finalmente adotado.

Roberto Freire respondeu:

— Nós tratamos mal os excluídos por causa da luta interna. Fizemos uma conciliação interna em detrimento da renovação defendida por gente como Carlos Nelson Coutinho e Leandro Konder. Nós os chamávamos jocosamente de Partido Comunista de Ipanema. Agora precisamos deles ao nosso lado.

Ele e seus companheiros estavam dando um passo na direção certa, mas muito devagar. Quando o passo deles foi dado, nós já estávamos bem à frente. Como se dizia antigamente: quando vocês vinham com a farinha, nós já estávamos saindo com o mingau.

De fato, 1989 foi para meus amigos Carlos Nelson e Milton Temer, e para mim, um ano especial: nos filiamos ao PT, mergulhamos fundo na campanha eleitoral de Lula. Estávamos bastante entusiasmados com a capacidade de mobilização que o PT poderia ter, como um partido claramente de esquerda e pós-leninista. Acreditávamos que a organização poderia aproveitar, internamente, uma liberdade bem maior do que aquela que havia sido possível no interior dos partidos comunistas. E com isso poderia encaminhar — democraticamente — as transformações políticas e socioeconômicas de que o país necessitava.

Na década de 1980, vivemos experiências melancólicas com a desilusão e o afastamento de companheiros que não tiveram condições subjetivas para absorver o agravamento da crise do socialismo. Bem mais melancólica foi a partida dos combatentes que morreram. Num período de quatro anos, perdemos três amigos.

Ivan Ribeiro estava de férias e foi convocado para uma viagem aérea na qual exerceria sua função de assessor do ministro da Reforma Agrária, Marcos Freire, no norte do país. Quando o avião levantava vôo para a viagem de volta, chocou-se com uma árvore e caiu. Não houve sobreviventes (8/9/1987). Economista que viveu na Itália, Ivan era muito querido por todos nós, seus companheiros. Até hoje nos faz muita falta.

João Ricardo (Joca) Serran foi meu colega no curso primário e no ginasial. Uma vez nós, os agitados, resolvemos perturbar a calma do nosso amigo, durante a aula de francês. Sentado atrás dele, coube-me a tarefa de espetar com um compasso a escassa massa glútea do Joca. Espetado, ele soltou um grito e eu fui expulso de sala. Mas o mais notável foi que ele me esperou na saída para se desculpar por ter gritado. Joca e sua mulher, Ana, estavam se preparando para ir à Europa quando o gás do banheiro intoxicou o casal, matando-os (19/6/1989).

Luiz Fernando Cardoso era sem dúvida um agitador brilhante e um militante de coragem excepcional. Da última vez que o vi, ele estava furioso com a derrubada das estátuas de Lênin nos países do Leste Europeu. Passou algumas horas em minha casa, desabafando: quem são esses cretinos para julgar alguém com a grandeza de Lênin?! Poucos dias depois, Luiz Fernando foi fulminado por um infarto (27/11/1990).

Lembro-me de que era uma época de mudanças. Mudança até de endereço: minha mãe estava ficando velhinha, não devia mais morar, como morava, sozinha. Eram freqüentes os pequenos acidentes que aconteciam com ela. Luiza, então, entrou com a maior parte do dinheiro e comprou-se um apartamento de quatro quartos, na avenida General San Martin, no Leblon, para que nós passássemos a morar juntos (o que aconteceu em 17/6/1989). Inicialmente, éramos seis: dona Yone, Cristina, Caíto, Daniel, Marcela e eu. Depois, com a saída de Marcela e Daniel, ficamos reduzidos a quatro. E no momento em que escrevo estas linhas, somos apenas três: Caíto, Cristina e eu. A família continua crescendo, mas Daniel e Marcela moram em Itaipava e, para vermos nossos netos — José, de 11 anos e Carla, de 7 — precisamos fazer uma pequena viagem.

Daniel (genro) com Carla (neta) no colo,

Cristina e Leandro. José (neto), Marcela e Caíto.

benjamin e hegel

Walter Benjamin, o marxismo da melancolia foi meu 12º livro. É um livro simples, não alimenta grandes ambições. Pretendia somente atender a uma demanda: proporcionar uma introdução à vida e à obra do pensador. Muitos estudantes já me haviam sugerido que o escrevesse. Mestre Antonio Candido me deu uma alegria imensa ao aceitar escrever o texto de orelha do volume.

A publicação do livro foi considerada positiva por resenhadores do calibre de Olgária Matos, Ricardo Correa Barbosa e Martin Cezar Feijó; foi mencionada com simpatia por Moacir Werneck de Castro, Moacyr Scliar, Kátia Muricy e Jeanne-Marie Gagnebin. Meu irmão, Rodolfo, mostrando que as nossas divergências políticas, por agudas que fossem, não destruíam o afeto e as convergências literárias, dedicou ao livro um comentário emocionado, falando na "dolorida aventura humana" (*Afinal*, 1/11/1988).

Como autor do livro sobre Benjamin, fui transformado pela revista *Veja* numa figura pitoresca. Em 21/9/1988, saiu uma extensa matéria intitulada "Comunista versátil", na qual se atribuía um sentido simbólico ao fato de eu apreciar uma boa cerveja. "A simbiose entre marxismo e cerveja é quase um paradigma desse comunista cordial

— uma busca constante do moderno, da democracia e, por que não, do prazer."

Merquior e Carlos Nelson, cada um por um caminho, haviam se antecipado a mim no reconhecimento da importância da crítica literária benjaminiana. Também Sérgio Paulo Rouanet se dedicou cedo à leitura atenta do filósofo. Merquior admirava a extraordinária capacidade de Benjamin para enxergar o que não era óbvio, porém lamentava que filosoficamente Benjamin fosse tributário de uma linha de pensamento irracionalista. Carlos Nelson ficava fascinado por algumas observações de Benjamin, porém não se encantava com a filosofia benjaminiana. Minhas amigas Sonia Kramer, Solange Jobim e Maria Teresa Freitas vêm trabalhando fecundamente com categorias de Walter Benjamin.

Na realidade, a busca de um caminho dialético não hegeliano, valentemente procurado por Benjamin, e o questionamento da razão dialética tal como a concebia o autor da *Fenomenologia do espírito*, tinha algo de um salto no escuro e podia resultar em graves danos para a racionalidade dialética em geral.

Da reflexão de Benjamin derivava a seguinte pergunta: o que está vivo, afinal, no legado de Hegel? Tentando formular uma resposta razoável para essa indagação, escrevi meu 13º livro: *Hegel, a razão quase enlouquecida*.

Existem filósofos, como Karl Popper, que odeiam Hegel e acham que sua obra é vigarice. Popper cata no texto da *Enciclopédia* de Hegel passagens obscuras, às vezes ridículas, da dialética da natureza, tal como Hegel a concebe. Esse procedimento não permite que se avance muito. Hegel, com certeza, não se deixa descartar com facilidade.

É verdade que há traços antipáticos na personalidade de Hegel, sobretudo quando o comparamos com Benjamin. Enquanto Benjamin, frágil, fazia opções vitais corajosas, Hegel, assumidamente covarde, se

Tradução: “Nós te amamos, Walter Benjamin.”

Leandro e alunos, na PUC.

Walter Benjamin

aferrava a condições de segurança, tanto em sua vida política como em sua vida familiar.

O livro sobre Hegel teve uma repercussão menor do que o livro sobre Benjamin. Daisy Stepansky, que já tinha comentado o ensaio dedicado a Benjamin, considerou a abordagem de Hegel um texto "rigoroso, didático e atraente" (*Globo*, 4/11/1990).

Os capítulos do livro têm epígrafes extraídas da música popular brasileira (o que agradou muito a Otto Lara Rezende). Wilson Coutinho, que tinha uma visão acentuadamente negativa do livro *Filosofia do direito*, de Hegel, escreveu: "É extremamente engraçado que Konder inicie o capítulo sobre a *Filosofia do Direito*, de Hegel, com os seguintes versos de Lamartine Babo: 'Sei que Jesus não castiga/ um poeta que erra'" (*JB*, 23/3/1991).

Wilson Coutinho, visivelmente, temia que eu fosse demasiado indulgente em relação à tese hegeliana de que "o real é racional e o racional é real". Outras pessoas já se mostraram apreensivas diante dessa formulação. E se perguntavam: que razão é essa que se propõe a prevalecer sobre a totalidade do real? Que realidade é essa que se dispõe a ser devassada em sua totalidade pela razão? Onde fica o postulado dialético da infinitude do real? Onde fica a irredutibilidade do real ao saber? Que possibilidade tem o "novo" de nos surpreender, se ele vem de um setor da realidade que já está "impregnado" pela razão?

intelectuais

Nessa época, eu já tinha feito amizades preciosas na PUC do Rio. Já tinha me tornado amigo de vários colegas no Departamento de Educação (Isabel Alice, Zaia, Rosália, Rosina, Ralph, Waleska, Alicia, Creso e tantos outros) e de dois colegas do Departamento de Filosofia (Kátia Muricy e Eduardo Jardim de Moraes), e tinha consolidado uma forte relação de amizade com colegas do Departamento de História: Selma e Ilmar Rohloff de Mattos, Marco Antonio Pamplona e, muito especialmente, Margarida de Souza Neves, a Guida, com quem duas vezes por semana eu atravessava a ponte Rio—Niterói, ida e volta, para dar lá minhas aulas.

No Iuperj, eu simpatizava muito com César Guimarães e admirava bastante Luiz Werneck Viana, um intelectual de esquerda original, que defendia com enorme convicção a necessidade de uma aliança da esquerda com o centro, quer dizer, o fortalecimento do centro na arena política brasileira. Também me senti feliz de participar da banca de doutorado de Maria Alice Resende de Carvalho.

A mudança da UFF para o aterro do Gragoatá não modificou as condições de transporte para os professores que moravam no Rio. Como não tenho carro nem sei dirigir, pegava carona. Algumas vezes, vim de Niterói em companhia de Luiz Costa Lima, que me tratava educada e um tanto cerimoniosamente (creio que por causa de um artigo meio debochado que escrevi contra o estruturalismo, ao qual ele tinha aderido). Depois, a carona passou a ser sistemática e era proporcionada pela Guida.

Guida e eu conversávamos muito. Aprendi com ela muitas coisas. Beneficiei-me especialmente do seu conhecimento do mundo universitário. Graças às instruções dela, solicitei e passei a receber uma bolsa do CNPq. Naquela época, eu escrevia regularmente para a *Tribuna da Imprensa*, do Rio, a convite do Hélio Fernandes Filho. No papo com a Guida, me veio a idéia de juntar num livro alguns daqueles artigos que saíam no jornal.

Percebi que havia entre os artigos que seriam aproveitados uma certa unidade temática: todos falavam de intelectuais brasileiros e da relação deles com o marxismo. E este ficou sendo o título do volume: *Intelectuais brasileiros e marxismo*, com orelhas escritas pela Guida.

Margarida de Souza Neves
e Agostinho Castejon.

Ilmar Rohloff de Mattos,
Rosalia Maria Duarte
e Selma Mattos
(professores da PUC).

Os comentários sobre as relações desses 15 intelectuais com o marxismo eram assumidamente jornalísticos. Revisitei os escritos de uma porção de gente, desde Astrojildo Pereira, fundador do PCB e admirador de Machado de Assis, e de Octávio Brandão, autor de um livro contra Machado, até José Guilherme Merquior, Ciro Flamarion S. Cardoso e Carlos Nelson Coutinho, passando por diversos outros, como Caio Prado Júnior, Antonio Candido, Otto Maria Carpeaux, Nelson Werneck Sodré, Sérgio Buarque de Holanda, Mário de Andrade, Oswald de Andrade, Sérgio Paulo Rouanet, Roberto Schwarz e Carlos Drummond de Andrade.

O capítulo que suscitou maiores debates é o mais engraçado do livro, dedicado a Octávio Brandão. O bravo revolucionário falava de si mesmo com freqüência na terceira pessoa: "a criança", "o jovem autor", "o jovem escritor", "o jovem cientista". Repelia o freudismo como "obra de maníacos do sexo". Preso, escrevia versos parnasianos na cadeia. Considerava Lênin "a maior personalidade da História Universal", "em todos os tempos". Declarava, impávido: "Nada aprendi com a Bíblia, Sócrates e Platão."

A despeito dos seus grandes méritos e do seu pioneirismo, é impossível ignorar esse lado patusco da sua personalidade.

marx hoje?

O maior desafio, para mim, estava na reinterpretação de Marx, na revisão de suas teorias. No final do século XIX, a principal ameaça teórica à coerência radical da perspectiva revolucionária do autor dos *Manuscritos de 1844* vinha do revisionismo: Eduard Bernstein propunha que, relendo Marx, os socialistas abandonassem a idéia de que a meta era o comunismo e se livrassem da dialética, que era o elemento "pérfido" da filosofia de Marx. Em conversa com Carlos Nelson, convenci-me de que atualmente a situação é outra: o revisionismo deixou de ser uma ameaça, passou a ser uma esperança. A filosofia de Marx precisa ser revista para recuperar a radicalidade da sua intervenção transformadora.

Para isso, é necessário largar de lado o que envelheceu e caducou, afastar o que se mostrou muito "datado". Em vez de escandalizar-se com esse fenômeno, o pensamento de esquerda, nas batalhas contemporâneas, deve lembrar que as idéias — mesmo as boas — também se desgastam. O leninismo, na sua origem, teve alguma eficácia, na revigoração do marxismo; logo, entretanto, se exauriu seu impulso vital. A Revolução Russa de 1917 parecia próxima de nós, porém a revolução histórica decisiva era, indiscutivelmente, a Revolução Francesa.

Leandro, Eduardo Portella e Ivan Junqueira, seu amigo de infância.

Vistos à distância, observados num passado longínquo, alguns aspectos dos bolcheviques se confundem numa impotência análoga à dos jacobinos. Fizeram o que tinham que fazer, mas já há algum tempo estão fora de jogo. Por outro lado, os vencedores também acabam sendo perdedores. Aqueles que derrotaram os revolucionários franceses (Napoleão, os monarquistas) não mantiveram o poder por muito tempo; os que derrotaram os revolucionários russos (os conservadores, os neoliberais, a "máfia" russa) também estão tendo dificuldades crescentes para manter o poder.

A situação não é desesperadora. Momentaneamente, contudo, o desânimo se abateu sobre nós, quando a televisão mostrou a derrubada do Muro de Berlim, as estátuas de Lênin e Stálin sendo postas abaixo, o fim da União Soviética. Meu 15º livro foi uma resposta a esse quadro: intitulava-se *O futuro da filosofia da práxis*, tinha um subtítulo *O pensamento de Marx no século XXI* e foi publicado em 1992.

Não foi fácil para mim escrever esse acerto de contas com o meu interlocutor filosófico preferido. Sentia-me incomodado na posição de um investigador que apura coisas feias ou de um promotor que prepara uma condenação em juízo. Colecionei, perversamente, indícios de etnocentrismo, provas claras de machismo, numerosas manifestações de preconceito.

Achei graça na incapacidade de Marx de entender Simon Bolívar: em vez de fixar sua atenção na importância do projeto e da luta de Bolívar pela independência e pela união dos povos do nosso continente, Marx reduziu o fenômeno Bolívar a uma variante "miserável" do bonapartismo.

Dei gargalhada ao ver o filósofo pondo as filhas, mesmo sem talento, a receber aulas de canto, desenho e piano. E me diverti muito com a bronca que Marx deu no noivo de sua caçula, Laura, porque ele — um *créole* cubano de nome Paul Lafargue — não respeitava os costumes do "meridiano de Londres" e tocava nela em público, demodo "inconveniente".

Só me senti aliviado quando percebi que o pensador investigado resistia a essas descobertas e não perdia sua grandeza. Os problemas mais graves não estavam tanto nele como na leitura que a posteridade fazia de seus escritos.

Sua concepção da história, por exemplo, é reconhecidamente magnífica. Ele a submeteu ao duro teste da aplicação ao presente e saiu vitorioso: *As lutas de classe na França de 1848 a 1850* e *O Dezoito Brumário de Luís Bonaparte* são dois estudos considerados fundamentais. No entanto, nas condições histórico-políticas que se impuseram mais tarde, o panorama mudou. Marx é anterior à criação dos sindicatos de massa, dos partidos de massa, é anterior à adoção do sufrágio universal e da chamada "indústria cultural".

Também no plano histórico-cultural, Marx tem um olhar tremendamente agudo, mas lhe faltam elementos para aprofundar sua reflexão sobre as contradições da subjetividade na criação artística, no imaginário coletivo, na teia das questões psicanalíticas.

Para uma revitalização do marxismo, tenho a impressão de que nós, os herdeiros do pensador alemão, faríamos bem em estudar Freud e seus intérpretes brasileiros, como Joel Birman, Jurandir Freire Costa, Carlos Plastino ou Luiz Alfredo Garcia-Roza, entre outros.

Os socialistas que assumiram seu legado se apresentaram como seus herdeiros, dispuseram-se a assimilar sua lição; deveriam talvez ter sido mais ousados, mais criativos, enveredando por campos que o mestre não havia trabalhado, ou então havia trabalhado insuficientemente. Mesmo que divergissem de Adorno, Horkheimer, Marcuse e dos teóricos da "Escola de Frankfurt", em geral, os marxistas da linha "oficial" não debateram com eles seriamente as questões que eles traziam para a discussão: encastelaram-se na "doutrina", no patrimônio das "verdades" adquiridas, dos "saberes" constituídos.

As atuais condições da luta política exigem a revisão das armas filosóficas. Não podemos, por exemplo, manter o esquema "evolucionista" que se infiltrou no materialismo histórico e que impedia que a nossa relação com o passado fosse uma relação inquietante, dramática, na medida em que nos permitia a inserção de episódios vividos há algum tempo numa explicação tranqüilizadora, superior às interpretações antigas simplesmente porque veio depois...

A leitura de Marx não nos dispensa de ler os que o antecederam. O socialismo "científico" não é tão científico a ponto de nos autorizar a ignorar os tesouros da utopia.

Procurei rediscutir as nossas teorias à luz das deficiências da nossa ação. Aceitei participar, a convite do secretário de Educação do governo Moreira Franco — Carlos Alberto Direito —, de discussões realizadas no Conselho Estadual de Educação (CEE), no segundo semestre de 1988.

Sempre que saíamos das reuniões do Conselho, eu pegava carona com os meus colegas, padre Laércio (então reitor da PUC) e padre Ávila. Quando chegávamos à PUC, cada um de nós se despedia do motorista, agradecendo pela viagem. E o rapaz "democratizou" seu modo de corresponder à nossa saudação. Dizia que ficava feliz de nos ter trazido à Universidade:

— Obrigado, padre Laércio. Obrigado, padre Ávila. Obrigado, padre Leandro.

O indigitado padre Leandro estava bastante apreensivo com a timidez das propostas de ação apresentadas pelas esquerdas. Em meu diálogo com os dois sacerdotes, tive a impressão de que ambos me observavam, suspeitando, eventualmente, de que as matrizes de esquerda revolucionária me impulsionassem na direção de contrastes ásperos com "pacatos" donos de colégio. O que eu queria, contudo, era que as diversas correntes de esquerda se entendessem e travassem a luta que naquele momento era decisiva: contra os preconceitos antidemocráticos.

O CEE me proporcionou uma retomada de contato com idéias de liberais-conservadores razoáveis, coerentes e perspicazes. Lendo os jornais, naquele período, muitas vezes, os artigos de Luiz Antonio Garcia, de Luiz Paulo Horta ou de Mauro Santayana e Wilson Figueiredo, me faziam reagir, em alguns casos, com forte desconfiança; houve porém momentos em que me impressionavam o bom senso e a honestidade intelectual que insistiam em brotar em meio às armadilhas da ideologia.

Minha participação nos trabalhos do Conselho se autolimitava a seis meses. O então governador Moreira Franco me telefonou, e seu secretário de Educação, Carlos Alberto Direito, me pressionou para que eu me tornasse participante efetivo do Conselho, por tempo indeterminado. Respondi-lhes, contudo, que, pertencendo a um partido de oposição, não me sentia em condições de integrar-me de fato à organização.

Embora soubesse que em muitos pontos — decisivos! — Marx representa um avanço notável em relação a seus precursores, resolvi escrever dois livrinhos a respeito de dois socialistas anteriores ao autor do *Dezoito Brumário*: Charles Fourier e Flora Tristan.

viagens

Antes de falar desses dois livros, contudo, quero dizer alguma coisa sobre as viagens que fiz, sobre a importância que elas tiveram para o meu trabalho.

Sei que há pessoas cujas experiências de viagem não são significativas. É compreensível que isso ocorra: fechado num avião durante um tempo relativamente curto, comendo e vendo filmes, o passageiro não vive mais a experiência do viajante do século XIX, a bordo de barcos e diligências, que demoravam a chegar ao destino e induziam os passageiros a conversar uns com os outros.

Algo da velha disposição dos viajantes, entretanto, me parece não ter desaparecido completamente. Ainda existem pessoas que vivem intensamente a viagem como uma aventura da qual podem extrair alguma coisa que ficará com elas, como lembrança, para o resto da vida. Não é casual que os consumidores de drogas alucinógenas se refiram ao que sentem como uma "viagem".

De qualquer maneira, não posso deixar de recordar aqui ao menos algumas das muitas viagens que fiz, pois sinto que elas foram importantes para mim.

Por uma questão de gratidão, começo por Paris. Antes do exílio, minhas passagens por Paris tinham sido rápidas. Depois, instalado em Bonn, na Alemanha, e desenvolvendo atividades políticas em Paris, fui me tornando íntimo da *ville lumière*. Amigos que estavam morando lá me ajudaram a descobri-la: Roberto Schwarz, Michael Löwy, Luiz Hildebrando, Pedro Marcos Viana, Ivan Alves e outros.

Freqüentei a Biblioteca Nacional, comprei muita coisa na maravilhosa concentração de "sebos" formada aos sábados e domingos no parque Georges Brassens, metrô Porte de Vanves (*Marché du livre ancien et d'occasion*); freqüentei os "buquinistas" da margem do Sena e o *marché aux puces* da Porte de Clignancourt.

Paris me atrai. Após meu retorno ao Brasil, em dezembro de 1978, ainda estive em Paris em seis ocasiões: em 1987, comemorando a defesa de tese que acontecera no Rio, em 1991, aproveitando o dinheiro recebido pela venda do nosso carro; em 1994, aproveitando o prêmio recebido num concurso patrocinado pelo *Jornal do Brasil* e pelo Hotel Aprile, de Florença, dirigido por Riccardo Zucconi; em 1996 e em 1997, não me lembro mais por quê.

Leandro e Cristina na fazenda Guariroba, em Campinas.

Na Grécia, o teatro Epidauro.

Em maio de 1998, fui a Paris para apresentar um trabalho no colóquio dos 150 anos do *Manifesto comunista*. Apesar de já estar doente (fui diagnosticado com a doença de Parkinson), participei das mesas do seminário, que foi realizado na nova biblioteca de Paris. Fui companheiro de mesa do jesuíta Jean Yves-Calvez, conhecido e respeitado crítico de Marx desde os anos 1960. Foi muito agradável esse período vivido em companhia de Carlos Nelson Coutinho e Andréa, de Milton Temer e Rosane e de minha mulher, Cristina.

Procurei aproveitar todas as oportunidades para conversar sobre a história das idéias socialistas. Sem Paris, eu nunca teria podido escrever sobre Fourier e Flora Tristan.

Mas ainda não é o momento de falar desses dois livros. Ainda tenho o que dizer a respeito de viagens.

outras viagens

Meu irmão, Rodolfo, foi exilado duas vezes: a primeira vez, no México; a segunda, no Canadá. Fui visitá-lo em Montreal, cidade cujos habitantes aprenderam a conviver com o frio extremo, circulando num vasto esquema de ruas, teatros, cinemas, restaurantes e até praças e jardins subterrâneos.

Estive também, duas vezes, em Nova York. Pensei que ia antipatizar mortalmente com aquele gigantismo, porém me surpreendi gostando da cidade e de uma certa vitalidade que a gente pressente na população, apesar das distorções ideológicas, do consumismo e da hipercompetitividade.

Do continente americano, conheço pouca coisa. Da viagem a Cuba já falei. Acrescento aqui uma viagem extremamente agradável, feita com Cristina, minha mulher, a Buenos Aires, no começo dos anos 1980 (quando nos impressionaram algumas características acentuadamente européias da cidade). E é tudo. Uma experiência de viagens que não se compara com as múltiplas andanças feitas na Europa.

Viajei pela França (Paris, Caen, Aix-en-Provence, Bordeaux, Tours, Aix-la-Chappelle, Avignon, Toulouse, Poitiers, Limoges), pela Alemanha (Berlim, Marburg, Frankfurt/Main, Colônia, Hamburgo, Freiburg,

Munique, Trier, Koblenz, Rostock, Nurnberg, Heidelberg, Weimar), pela Inglaterra (Londres, Oxford, Cambridge, Lincoln, York, Stratford-on-Avon), pela Itália (Roma, Bolonha, Gênova, Milão, Florença, Veneza, Verona, Siena, Pisa, Nápoles, Ravena, Turim, Palermo, Siracusa, Agrigento).

Também viajei pela Espanha (Madri, Barcelona, Santiago de Compostela, Toledo, Córdoba, Sevilha, Granada), por Portugal (Lisboa, Porto, Coimbra, Évora). Estive, de passagem, na Rússia (Moscou, São Petersburgo), na Tchecoslováquia (Praga, Pilsen), na Áustria (Viena, Salzburgo) e na Hungria (Budapeste).

Cristina, Carlos Nelson, Amélia e Merquior, em Londres.

Leandro e Cristina em Sintra, Portugal

Cristina, em Florença

grécia

Inesquecível, sem dúvida, foi a viagem à Grécia, excepcionalmente bem concebida e organizada por estudantes alemães. Vanilda descobriu a promoção, nós nos inscrevemos e fomos a Atenas e a outros lugares que gostaríamos de ver. Na época em que estivemos em Atenas, ainda se podia subir com desembaraço a Acrópole e chegar ao Partenon. Entre as fotos deste volume, está uma foto minha, aos pés do Partenon. De ônibus, por uma estrada tortuosa, subimos às ruínas do santuário de Delfos. O lugar é belíssimo. Localizada, com o auxílio de um mapa, a concavidade onde a Pítia cheirava uma fumacinha e recebia mensagens obscuras de Apolo, o deus da medicina e da adivinhação, desci ao local, com a vaga esperança de que ainda me viesse alguma fumacinha retardatária, com um recado da divindade.

Não aconteceu nada.

Fomos também a Olímpia, onde se realizaram os primeiros jogos olímpicos. Fomos a Creta, visitamos as ruínas do palácio de Cnossos, em busca de traços do labirinto do Minotauro.

Estivemos em Epidauro, onde funcionava um hospital que alguns historiadores consideram o mais antigo do mundo, e onde foi construído um teatro, que ainda existe, que tem uma acústica inigualável.

Partenon, Atenas.

Fiz a experiência: o espectador sentado mais longe do palco ouve um papel sendo rasgado ou um fósforo sendo riscado como se estivesse ao lado do que está acontecendo.

Para um antigo leitor de Monteiro Lobato, foi emocionante visitar as ruínas do palácio do rei (Euristeu, se não me engano) que incumbiu Hércules de realizar, um por um, os famosos "doze trabalhos".

Entrada lateral do palácio de Euristeu, o rei que deu os 12 trabalhos a Hércules.

israel

Por fim, devo registrar uma viagem a Israel, feita de 10 a 20 de setembro de 1989. Éramos um grupo de brasileiros bastante diversificado, democraticamente dirigidos por Milton Nahoum, e do qual faziam parte, se não me falha a memória, a deputada Laura Carneiro, o deputado Tito Ryff, os jornalistas Hélio Fernandes Filho e Artur Xexéo, o radialista Haroldo de Andrade, o procurador Navega e o assessor parlamentar Carlos Alberto Moniz.

Estivemos em Jerusalém, em Tel Aviv, e rodamos pelo país num microônibus. Fiquei impressionado com a melancólica redução do volume de água do rio Jordão, onde são João Batista batizou o Cristo. No ponto que visitamos, seria possível atravessar o rio sem molhar os joelhos.

O rio Jordão deságua no lago Tiberíade, antigamente chamado mar da Galiléia, que fica cerca de 200 metros abaixo do Mediterrâneo. Nas ruínas romanas de Cesaréia, nos mostraram um pedaço de uma inscrição em mármore na qual eram mencionados os nomes de Pôncio Pilatos e de Herodes, documento histórico que confirmaria que os dois foram, de fato, contemporâneos.

Em Jerusalém, fiquei decepcionado com a "via dolorosa", o caminho percorrido por Jesus para ser crucificado (está completamente modificado) e com a enorme — e feia — Basílica do Santo Sepulcro. Dentro dela, as pessoas fazem fila para entrar na gruta onde Cristo foi depositado, morto, e de onde ele teria ressuscitado; e fazem fila para tocar na pedra branca do Calvário, através de uma pequena abertura no envoltório protetor.

Gostei mais do lago Tiberíade, onde dizem que Jesus teria caminhado sobre as águas. As margens do lago estão, com certeza, parecidas com o que eram há 2 mil anos. Paramos numa colina que foi o local onde o Cristo pronunciou o Sermão da Montanha. Por sugestão do nosso guia, Boris Weisman, li para a nossa turma, em voz alta, a série das bem-aventuranças. ("Bem-aventurados os que têm fome e sede de Justiça, porque eles serão atendidos.") Acabamos nos revezando e lendo todo o sermão, no lugar onde teria sido pronunciado.

Vimos, ainda, as ruínas de Cafarnaum, de Magdala e de Tabigah, onde teria acontecido o milagre da multiplicação dos pães.

Fomos levados a uma palestra de um oficial superior do exército israelense e, quando ele terminou, manifestamos numerosas divergências em relação à política que deveria ser adotada em relação aos palestinos. O oficial israelense pareceu se irritar conosco. Saiu batendo a porta. Ficamos sozinhos, trancados em uma fortaleza militar durante quase meia hora. Artur Xexéo, com seu senso de humor especial, falou:

— Leandro, eu acho que estamos presos. Você tem aí o número do telefone do consulado brasileiro?

Nossos temores logo se dissiparam. Nossa viatura, então, nos levou ao Mar Morto. O Mar Morto é muito estranho. Sua água é morna e densa, de modo que a gente não consegue mergulhar, a pressão da água nos empurra para cima. Meus companheiros de viagem fizeram pilhérias a respeito da caminhada de Jesus sobre as águas, possibilitada pelo alto grau de salinidade. Achei graça, mas esclareci que o Cristo não caminhara sobre as águas do Mar Morto e sim sobre as águas do lago Tiberíades, do qual já falamos. Nosso guia se divertiu com o fato de que o esclarecimento vinha não de um cristão, mas de um marxista.

Ao lado do Mar Morto, está a fortaleza de Masada. Herodes mandou construí-la (36 - 30 a.C.) em cima de uma montanha, para nela se refugiar no caso de uma insurreição popular. Mas Herodes morreu. Em 66 d.C., houve uma revolta dos judeus contra os romanos. A rebelião foi duramente reprimida, porém um grupo de judeus zelotas (judeus radicais) tomou Masada e se instalou lá. Os romanos cercaram a fortaleza durante mais de três anos (desde 70 até 73 d.C.). Precisaram construir uma rampa para atacar. Eram 26 mil soldados contra menos de mil rebeldes. Na véspera do ataque romano, os rebeldes se suicidaram.

Durante muitos séculos, não se soube onde ficava a fortaleza de Masada. Somente no século XIX é que ela foi descoberta no topo de uma montanha, como que encravada lá no alto, numa ligeira concavidade, de tal maneira que não era vista por quem passava lá embaixo.

Milton Nahon, Muniz, Laura Carneiro, Navega, Artur Xexéo, Helio Fernandes Filho, Haroldo de Andrade, Boris Weisman, Haydee, Noemi, Leandro, Tito Ryff.

brasil adentro

Andei bastante Brasil adentro. Conheço muita gente que percorreu o nosso país muito mais exaustivamente do que eu. Meu conhecimento da realidade brasileira se alimenta de leituras, depende das informações que me trazem, sofre a influência de interpretações alheias. Trago comigo, entretanto, algumas imagens, algumas convicções, formadas empiricamente. Por isso, quero falar um pouco dessas minhas andanças.

Começo pelo Sul. Estive, se não me falha a memória, quatro vezes em Porto Alegre: no começo dos anos 1980, em junho de 1986, agosto de 1989 e junho de 1991. Fiz três viagens a Curitiba, há muitos anos. Também estive em três ocasiões diferentes em Florianópolis: de uma não consigo lembrar a data; as outras duas aconteceram em 1992 e em 1998.

Não posso contar as inúmeras idas a São Paulo, capital, que atualmente não consigo encarar como viagens. Com o processo de conurbação que está ocorrendo, dentro de algumas décadas Rio e São Paulo vão se fundir, formando uma única megalópole.

Não posso deixar de relatar um caso acontecido em São Paulo. Fui convidado a falar no programa do Jô Soares sobre o Barão de Itararé. O programa foi gravado em dezembro de 1989, para ir ao ar em

16 de dezembro, véspera do segundo turno das eleições, disputadas por Collor e Lula. Jô me explicou que a lei não permitia propaganda eleitoral. Tratei de cumprir a lei. No final da entrevista, contudo, Jô me perguntou o que eu achava do Lula. Resolvi, então, abrir o jogo. Elogiei a autenticidade de Lula, sublinhei a importância daquilo que ele representava e abri — escancarei! — meu voto:

— Amanhã, vou votar no Lula.

O público que acompanhava a gravação aplaudiu. E o programa foi exibido, sem problemas.

Estive também em outras cidades do estado de São Paulo: em Campinas (várias vezes), em São Carlos (a convite de Marly Viana), em Marília (a convite de Maria Orlanda Pinassi), em Franca (a convite de Alberto Aggio).

Conheço pouco do Nordeste. Nunca estive no Ceará, no Maranhão, no Piauí. Morei em Natal, no Rio Grande do Norte, mas tinha menos de 3 anos, não me lembro de nada. Tive, no entanto, a alegria de ir a João Pessoa, de ver o cabo Branco, o ponto mais oriental do Brasil, a convite de Ana Elvira. Pude visitar Recife três vezes (a última em setembro de 2000). Estive em Aracaju, terra de Marcelo Deda. Estive também, em diversas oportunidades, em Salvador. Em agosto de 1988, fui a Belém do Pará. Em novembro de 1992, a Vitória, no Espírito Santo. Uns dez anos antes, fui a Goiânia. Fui a Brasília umas 15 vezes.

Andei por diversas cidades de Minas: Juiz de Fora, São João del Rey, Ouro Preto, Barbacena, Tiradentes e Belo Horizonte. Em Belo Horizonte, aliás, tenho uma historinha divertida para contar. Numa reunião, fui efusivamente abraçado por um senhor que declarava para mim e para todo mundo que eu era o autor de um livro que o tinha marcado para o resto da vida, um livro que mudara o seu destino. Descrevia, emocionado, o volume: um formato quadradinho, capa amarela.

— Estou tão nervoso que não consigo lembrar o título.

Pela descrição do volume, estava claro que era o livrinho da coleção Vida e Obra, da editora Paz e Terra. Tive o palpite, envaidecido, de que era o meu velho *Marx: vida e obra*. Mas, felizmente, fiquei calado. De repente o sujeito deu um salto e gritou, feliz:

— Lembrei! Lembrei! O livro que este homem escreveu e que fez a minha cabeça se chama *Freud: vida e obra*.

Abraçamo-nos, mais uma vez, calorosamente. Não tive coragem de revelar a ele que o livro sobre Freud era de autoria do sociólogo Carlos Estevam Martins.

flora

Agora, recordadas as minhas viagens, posso voltar a falar dos livros, especialmente do meu livrinho sobre Flora Tristan.

Era a primeira vez que eu escrevia um livro sobre uma mulher. E também era a primeira vez que eu escrevia sobre alguém cujo pensamento filosófico era amadorístico.

Flora Tristan não me interessava como filósofa (que ela não era), mas me seduzia e fascinava como lutadora, como figura histórica, como fenômeno.

Lendo o que ela escreveu e o que escreveram sobre ela, fiquei muito impressionado com a força de uma jovem que nunca foi à escola, que foi alfabetizada pela mãe (uma costureira semi-analfabeta) e, no entanto, se tornou escritora.

Fiquei impressionado com o casamento dela com um marido que a espancava e com a impossibilidade legal de se divorciar, na época da restauração monárquica. Comoveu-me o fato de ela só ter se livrado do marido quando ele, perseguindo-a, a alvejou com dois tiros. O marido foi condenado e Flora — que não pôde extrair as balas, instaladas perto do coração — dedicou o curto período de vida que lhe restava a fazer uma campanha nacional, pregando o socialismo para mulheres e o feminismo para os operários.

Esse cruzamento me encantou. Flora explicava que o socialismo convinha tão claramente aos trabalhadores e o feminismo convinha tão claramente às mulheres que a difusão das idéias socialistas e feministas entre seus respectivos destinatários "naturais" não ofereceria grandes dificuldades.

Flora, contudo, advertia que os operários oprimiam suas mulheres e as mulheres se revoltavam contra as atividades políticas que lhes roubavam a companhia dos maridos. Essa situação — dizia ela — tem que ser superada. Por quê? Porque o socialismo só pode vir a ser efetivamente vitorioso se for capaz de se tornar um movimento da esmagadora maioria da população (que inclui os trabalhadores e as mulheres).

Flora não foi um caso isolado. Na Inglaterra e na França vêm se multiplicando estudos dedicados às pioneiras do feminismo, desde o final do século XVIII. Diversas figuras femininas ganham relevo e se destacam na crítica às desigualdades sociais de que se beneficiam os homens. Na França, lembro os nomes de Pauline Roland, Jeanne Deroin, Suzanne Voilquin, Clarisse Vigoureux e Claire Démar. Na Inglaterra, Anna Wheeler, Frances Morrison, Eliza Macauley, Fanny Wright e Emma Martin.

Com o início da Revolução Industrial, um grande número de mulheres que viviam trancafiadas dentro de casa ingressou no mercado de trabalho. Como não tinham sido submetidas prolongadamente à lógica do mercado, elas se mostravam mais receptivas do que os homens a um questionamento romântico e utópico da sociedade burguesa. Valorizavam mais a força das paixões, a verdade dos sentimentos.

A pesquisa que fiz sobre Flora Tristan me ajudou a compreender não só o que estava acontecendo naquele momento, mas também a luta que as mulheres vêm travando até hoje. Uma luta que é vital para a causa da democracia em geral.

bartolomeu

Desde os meus tempos de faculdade, fazendo o curso de Direito no Catete, eu sonhava escrever um romance. Tinha uma vaga idéia de que seria algo em torno de um conflito entre dois irmãos (tipo Caim e Abel). A vitória caberia a Caim, mas seria constrangedora. Cheguei a escrever umas quarenta páginas no segundo semestre de 1964, quando fui afastado dos sindicatos. O projeto, entretanto, não estava maduro.

Retomei-o no início dos anos 1990 e enfrentei questões delicadas, tais como: quem deveria narrar a história? O escritor (narrador onisciente)? O irmão cruel (Caim)? O irmão bom (Abel)? Um terceiro personagem? Fiz a escolha: no meu romance, o narrador é o irmão mau, vitorioso. É a ele que cabe a incumbência de contar o que aconteceu trinta anos antes com seu irmão adotado, o anão Bartolomeu, que Nicolau, seu pai, achou numa lata de lixo, trouxe para casa e adotou. Dona Josefa, a mãe, contrata um detetive para apurar o que realmente aconteceu e fica-se sabendo que o anão era filho de uma prostituta.

Muita gente começa a crer que Bartolomeu tem poderes telepáticos. Ele se torna um líder de favelados. Dizem que faz milagres. As autoridades encarregadas de zelar pela segurança do Estado ficam preocupadas. O irmão narrador (seu nome não aparece), amigo do general

Pantaleão, um político de direita espertíssimo e muito "civilizado", torna-se um líder do Partido Liberal Conservador, é eleito deputado; depois renega sua organização e funda o bem-sucedido Partido do Desenvolvimento. Enquanto isso, o anão, em nome do "Evangelho dos Justos", organiza as massas para a resistência contra a cobrança extorsiva de impostos. Bartolomeu é atraído para uma cilada e assassinado por um grupo paramilitar.

Todas essas coisas são relatadas pelo narrador para uma jovem pesquisadora que o está entrevistando três décadas após o assassinato de Bartolomeu.

O livro *Bartolomeu* foi lançado em 6 de junho de 1995. Dois meses e meio mais tarde, em 22 de agosto de 1995, o dr. José Marcelo Bezerra diagnosticou: eu estava com a doença de Parkinson.

Ainda não é a hora, contudo, de falar sobre a doença. Retomo, então, a linha que venho seguindo: a dos livros publicados.

idéias socialistas no brasil

Esse livrinho (com cerca de setenta páginas) é de certo modo um desdobramento da pesquisa sobre a recepção das idéias de Marx no Brasil, que me levou a escrever *A derrota da dialética*, minha tese de doutorado transformada em livro. A tese se concentrava no movimento da assimilação do pensamento de apenas um teórico do socialismo — Marx — e se limitava a uma história que vinha somente até o começo dos anos 1930. Curiosamente, o texto dedicado às idéias socialistas no Brasil, fazendo referência às diversas correntes das teorias socialistas e observando-as num movimento que vinha até o presente, era bem menor do que o outro, cujo campo de observação era muito mais restrito.

Essa diferença é significativa: o livrinho sobre as idéias socialistas no Brasil não era ambicioso, pretendia proporcionar, didaticamente, uma visão de conjunto para os estudantes que estivessem querendo entender o que pudesse ser entendido, numa primeira abordagem sistemática da matéria. E a tese, sem dúvida, se dirigia a estudiosos que já tivessem alguma familiaridade com o tema; e pretendia discutir com esses leitores sua idéia central, à qual já nos referimos: a de que faltou dialética na assimilação do pensamento de Marx.

O livro *As idéias socialistas no Brasil* começava com a recordação das manifestações de revolta contra as injustiças, os profetas judeus, o despojamento dos primeiros cristãos em relação à riqueza, a luta dos Gracos pela reforma agrária (em Roma), advertindo os leitores de que esses fenômenos não constituem expressões do socialismo (por maior simpatia que nos inspirem). O socialismo, fenômeno moderno, se desenvolve a partir da Revolução Industrial e da formação da classe operária.

Depois, vêm Jean-Jacques Rousseau, Graco Babeuf, Henri de Saint-Simon, Charles Fourier, Robert Owen, Flora Tristan. Vêm Marx e Engels. Vêm Pierre Joseph Proudhon, Mikhail Bakunin, Ferdinand Lassalle, Eduard Bernstein, Karl Kautsky, Jean Jaurès e, no século XX, uma porção de gente (com destaque para Lênin e o leninismo).

No Brasil, essas idéias, que já nos chegavam bastante misturadas, se misturaram com outras. O livrinho evoca a hegemonia anarquista do início do século XX no nosso movimento operário, a criação do Partido Comunista do Brasil, Astrojildo Pereira, Octávio Brandão. Depois, Luiz Carlos Prestes.

Segue-se uma extraordinária diversidade de tendências, que se inserem num arco de enorme abrangência, que vai da mais diluída proposta da socialdemocracia até o mais veemente discurso de extrema esquerda (eventualmente com sonhos golpistas).

O volume contém fotografias que mostram, em divertida contigüidade, Fernando Henrique Cardoso e Florestan Fernandes, Octavio Ianni e Francisco Weffort.

Publicado originalmente em 2001, esse meu livro teve uma nova edição feita pela editora Expressão Popular, do MST (Movimento dos Trabalhadores Rurais Sem Terra), no final de 2003. Em formato maior, parecendo uma revista, com muitas novas e preciosas ilustrações, e algumas informações adicionais para um público popular, o livro, de cara nova, me deu grande alegria. Senti que havia tomado a decisão certa quando abri mão de meus direitos autorais em favor do MST.

a poesia de brecht

Quando cheguei à Alemanha, exilado, percebi que os meus conhecimentos da língua alemã eram mais deficientes do que eu supunha. As pessoas não falavam as frases que eu tinha lido nos meus livros!

Procurei me empenhar no estudo do idioma, freqüentando palestras, vendo televisão e, sobretudo, lendo. Li muita coisa. Quando já tinha alcançado um certo nível de compreensão do idioma escrito, veio a descoberta da poesia de Brecht.

A linguagem do poeta é sutil, mas não é complicada. Sua maneira de dizer as coisas é bastante peculiar, porém acessível. Alguns dos seus poemas são obras-primas, pertencem ao reduzido número de criações poéticas que têm condições para se candidatar à admiração dos que, como ele diz, "virão depois de nós" ("*an die Nachgeborene*").

Há um elemento complicador no acesso à poesia de Brecht: sua relação com o comunismo. Brecht não era filiado ao Partido, mas se sentia comprometido com a "causa". Escreveu poemas de propaganda (alguns muito bons, outros menos). Seus melhores poemas, entretanto, vão muito além da propaganda.

Um dia, em Paris, a um preço bem razoável, comprei uma edição em quatro volumes, em alemão, dos poemas de Brecht. No mesmo dia, comecei a lê-los. Pouco a pouco, fui elaborando um conjunto de anotações. E, quando já estava mergulhado na redação do meu livro sobre Fourier, tive a idéia de escrever um ensaio especificamente sobre a poesia de Brecht e a história.

A poesia de Brecht e a história foi o meu 19º livro; saiu em outubro de 1996. E *Fourier, o socialismo do prazer* veio a ser o 20º livro.

fourier

Não sei bem em que tom devo falar do meu livro sobre Fourier. Ele é certamente o mais bizarro de todos os pensadores que já li. No entanto, essa bizarrice, que deveria me afastar dele, distanciar-me um pouco da estranha figura, acaba sendo um fator de envolvimento.

Espantam-me e mexem comigo as idéias desse revolucionário que tinha horror às revoluções. Não me sinto sacudido pela teoria da Atração Universal. Não simpatizo com as 13 "paixões radicais" (simpatizo somente com algumas delas, como a "borboleta" e a "cabalista"). Em compensação, acho fantásticas as críticas feitas à "civilização" e ao casamento monogâmico. E admiro muito — muito mesmo — o pioneirismo da denúncia da opressão e da exploração das mulheres feita por Fourier.

Acho sugestivas as modificações que Fourier prevê para o organismo humano na "Harmonia": é engraçado pensarmos as pessoas enxergando na absoluta escuridão, respirando embaixo d'água e usando o vigoroso rabo que se desenvolverá a partir do cóccix, tendo uma pequena mas forte mão na extremidade.

Fourier estava convencido de que a "civilização" (algo que tinha pontos de contato com o capitalismo) estava durando demais, fazendo a Terra adoecer (causando um aumento no número de animais peçonhentos). Se não viesse a transição para o regime "societário", se demorasse a vir, a Terra morreria. O caminho da transformação dependia de uma experiência: no "falanstério", 1.620 seres humanos viveriam numa comunidade de tipo novo e todo mundo poderia constatar as melhoras trazidas para a vida humana. Quando vissem o "falanstério" funcionando, todos se empenhariam em imitá-lo.

Não é difícil nos darmos conta de que há algo de bastante ingênuo no otimismo da utopia fourierista. A convicção dele chega a ser espantosa, na organização da vida no "falanstério": não há violência, não há coerção, não há penas nem castigos (o maior castigo é ser excluído da experiência). O conselho dos homens maduros não dá ordens: dá conselhos. Ninguém dirige ninguém: cada um se orienta por sua própria cabeça.

Mesmo na educação falansteriana, a interferência dos professores deve ser reduzida ao mínimo. As crianças educam umas às outras, com as mais jovens imitando as mais velhas.

Um detalhe doloroso que me pareceu muito cômico: o primeiro discípulo de Fourier — Just Muiron — era completamente surdo e não aprendeu a se comunicar por leitura labial; por isso, mesmo quando estavam juntos, eram forçados a trocar bilhetes.

Num determinado momento da redação do livro sobre Fourier, cheguei a pensar em desistir, porque tive a impressão de que ele era, de fato, inteiramente doido. Alguns alunos (que logo se tornaram colegas) me convenceram de que mesmo o que parecia doidice completa tinha uma rica significação para aquilo que os italianos chamavam de "a batalha das idéias". Sou grato a Alessandro Molon e a Renato José de Oliveira.

Fourier tem momentos de grandeza profética. Lembro que há duzentos anos ele previu que a Terra viria a ter satélites artificiais. Lembro que ele advertiu para a destruição das cidades pela especulação imobiliária. Alertou também para a necessidade de os homens não se limitarem a dominar a natureza, mas fazerem uma aliança com ela. Observou que forçar alguém a realizar a mesma atividade durante mais de duas horas era inumano. Criticou a educação do seu tempo, que incutia nos meninos — e sobretudo nas meninas — uma postura passiva e dócil. Propôs que se estabelecesse por lei um "salário mínimo" decente para os trabalhadores.

E, como disse, ninguém argumentou de maneira tão contundente como ele em favor das mulheres no início do século XIX. Ele chegou a justificar a rebeldia que levava as mulheres à infidelidade conjugal. E, levando a solidariedade às últimas conseqüências, ridicularizou, numa passagem famosa de um de seus livros, 76 tipos de cornos.

o indivíduo no socialismo

Mestre Antonio Candido propôs e o PT organizou, no primeiro semestre de 2000, uma série de seminários sobre Socialismo e Democracia. Participaram dos seminários personalidades importantes do pensamento de esquerda no Brasil, como Marilena Chauí, Francisco de Oliveira, Marco Aurélio Garcia, Paul Singer, João Machado, Tarso Genro, José Dirceu, José Genoino, Maria da Conceição Tavares, Emir Sader, Frei Betto e Carlos Nelson Coutinho, entre outros.

Lula prestigiou a série de seminários, fazendo votos de que eles contribuíssem para reanimar "o ímpeto da esquerda", e sublinhou a importância de uma ampla participação dos petistas nos debates. "Sem exclusão de nenhuma corrente ou facção."

Fiz a minha exposição no dia 8 de maio de 2000, insistindo no fato de que a perspectiva socialista criticava o individualismo, porém não se opunha à conquista de uma maior autonomia por parte dos indivíduos. Admiti que o padre Manfredo Araújo de Oliveira tinha razão quando nos criticava porque nós não tínhamos desenvolvido suficientemente a compreensão e a realização de um processo de "socialização personalizante".

Meu debatedor foi Frei Betto, meu amigo desde a viagem a Cuba, feita em 1981. Frei Betto nos fez rir muito. Seu senso de humor é insuperável. Sua gentileza também.

Entre outras coisas, ele disse que eu era, de certa forma, o responsável pela abertura dele ao marxismo. E acrescentou:

— Temo que o Leandro vá acabar num convento.

Os companheiros da Fundação Perseu Abramo juntaram a minha exposição, a fala de Frei Betto e os debates, acrescentaram uma entrevista que eu havia concedido a José Correa Leite e Carlos Nelson Coutinho para a revista *Teoria e Debate*, número 41, e lançaram o meu 21º livro: *O indivíduo no socialismo*. Um livrinho que, apesar dos esforços feitos para engordá-lo, nasceu magro.

Leandro no túmulo de Proust,
no cemitério Père Lachaise,
em Paris.

um romance policial

Como velho leitor de romances policiais, desde os tempos da Faculdade de Direito, era normal que vez por outra me viesse a tentação de escrever um *thriller*.

A impressão que eu tinha era que não me defrontaria com opções estéticas difíceis no que se refere à estrutura narrativa, à caracterização dos personagens ou à escolha do narrador (decidi que todos narrariam, alternadamente).

Quando comecei a escrever, porém, verifiquei que o meu otimismo não se justificava. O caminho era cheio de armadilhas. Qualquer derrapagem no "tom" adotado podia ter conseqüências catastróficas. Qualquer concessão a excessos simplificadores podia resvalar para a banalidade. O "lugar-comum" estava sempre à espreita, preparado para se infiltrar nas frases menos ambiciosas.

O risco maior talvez seja o de uma contraposição demasiado rígida entre o campeão do bem — o herói — e o bando dos malvados. Em seguida, outro risco importantíssimo aparece: o de que as ambigüidades humanas, presentes em todas as pessoas, se difundam generalizada e abstratamente, dissolvendo o terreno histórico de onde brotam os valores, destruindo as diferenças entre o certo e o errado, entre o justo e o injusto.

Concebi meu protagonista, o detetive Sdruws, como ex-policial, basicamente correto, mas seguramente não perfeito. Criei os personagens escritores como criaturas não desprovidas de talento, mas vaidosos, corrompidos, perversos.

Inventei um bandidão riquíssimo, que usa seu poder de milionário para difundir a literatura francesa (o que em princípio me parece bom), porém o usa, também, para manipular seus funcionários e seus protegidos (o que sem dúvida é péssimo).

Para a personagem feminina de maior destaque — Drica — reservei a profissão de fisioterapeuta, e talvez tenha utilizado, transfigurando-as, observações feitas sobre as experiências profissionais das minhas fisioterapeutas: Flávia, Carminha e Sérgia.

Uma das tarefas mais delicadas era a da elaboração de um bom enredo com suspense. No caso de *A morte de Rimbaud*, a narrativa se desenvolve ao longo de uma semana. Verifiquei que numerosos leitores chegaram até o sábado sem adivinhar quem era o assassino.

Não é um desempenho pífio, para um principiante.

Eu me diverti muito com as brincadeiras com o nome dos escritores franceses. E, mais ainda, com a epígrafe que arranjei para o meu *thriller*: uma frase d'*O Capital*, de Marx. Esta que transcrevo em seguida:

"Perseu precisava de um capacete para perseguir os monstros. Nós, puxando o capacete para baixo, cobrimos os olhos e os ouvidos, para podermos negar a existência dos monstros."

o "homem burguês"

Dando aulas de filosofia da educação na graduação, preocupavam-me as dificuldades que surgiam no caminho dos alunos, que não tinham experiência no trabalho com conceitos. Para tentar superar essas dificuldades, recorri à projeção de imagens, utilizando reproduções de quadros de pintores célebres de diferentes épocas: pintores renascentistas, barrocos, pintores do Século das Luzes, do Romantismo, do final do século XIX e da primeira metade do século XX.

Meu objetivo era fazer os alunos perceberem, através das imagens, algumas das características de um novo tipo humano que estava sendo criado: o "Homem Burguês".

O "Homem Burguês" não se confunde com o burguês, sociologicamente considerado, o proprietário dos grandes meios de produção, o empresário, o industrial, o banqueiro, o grande comerciante. O "Homem Burguês" é uma categoria mais abrangente e designa não só os burgueses como todos os seres humanos que, para sobreviver em uma sociedade hegemonizada pela burguesia, se adaptam às pressões que ela exerce.

O "Homem Burguês" é o indivíduo autônomo, empreendedor e competitivo. E, em decorrência dessas peculiaridades, mantém relações complicadíssimas com os outros indivíduos e consigo mesmo.

Com essa idéia, chamei a atenção dos alunos para a necessidade de fortalecerem o espírito crítico em relação à sociedade e também em relação a eles mesmos. O burguês é o outro, é a criatura que a esquerda combate na luta política e desmascara no plano da economia. O "Homem Burguês" é o sujeito que assume as limitações dos horizontes da ideologia dominante da burguesia, concordando ou não, dos valores (ou da falta de valores) adotados na sociedade.

Então, retomando a convicção de que o caminho do fortalecimento da crítica passa pelo fortalecimento da autocrítica, afirmei — polemicamente — para os alunos: o "Homem Burguês" somos nós.

Nós, mesmo nos insurgindo contra ele, contestando-o, pertencemos a esse tipo humano.

Não ignoremos esse lado constrangedor da nossa subjetividade, evitemos as ilusões que poderiam proliferar caso nos imaginássemos heróis puros de uma epopéia revolucionária.

Essa era a provocação dos cursos que ministrei. Por sugestão de diversos alunos do doutorado, que tiveram conhecimento do trabalho feito na graduação (Lea Tiriba, Rita Marisa Ribes, Filipe Ceppas, Marcelo Gustavo e outros), transformei o curso em um livro, que veio a ser o meu 23º livro publicado: *Os sofrimentos do homem burguês*.

filosofia e educação

Devo ainda mencionar quatro livros, publicados no início do século XXI.

O primeiro foi encomendado por minha amiga Zaia Brandão. E, tal como *Os sofrimentos do homem burguês*, se apóia diretamente na minha experiência como professor, nos cursos que eu ministrava no Departamento de Educação da PUC do Rio. Seu título era *Filosofia e educação. De Sócrates a Habermas* (Rio, Forma e Ação, 2006).

O subtítulo dá a impressão de que o texto é ambicioso. Trata-se, contudo, de um mal-entendido. O livro tem, de fato, um tema abrangente (a história da filosofia da educação), porém atende a uma demanda, sempre renovada, dos alunos de graduação, que reclamam do excesso de leituras, das dificuldades de entendimento dos textos adotados e da falta de um texto introdutório eficiente.

Procurei atender a essa demanda, elaborei apostilas e as fui testando nos cursos de graduação. Reelaboradas, as apostilas vieram a se transformar no livro encomendado por Zaia Brandão: *Filosofia e educação*.

Outro livro, o meu 25°, falava de literatura e me levou a revisitar Lukács (que morreu em 1970). Havia algumas nuvens no céu das nossas relações. Procurei reexaminar alguns conceitos; em seguida tratei de aproveitá-los, em cotejo com os romances de Balzac. Por que Balzac? Para verificar se os ensaios que Lukács dedicou a Balzac ainda são convincentes. Constatei que a leitura dos romances de Balzac feita há oitenta anos pelo crítico húngaro continua iluminando o percurso do leitor que quiser exercitar o intenso prazer da leitura no continente da *Comédia humana*.

Achei, contudo, que era conveniente cutucar a onça, mesmo com vara curta. Resolvi, então, pôr a teoria lukacsiana do realismo diante de uma questão crucial. Essa questão atende pelo nome de Fernando Pessoa.

Fernando Pessoa, o poeta português, está longe de ter as características que reconhecemos como realistas em outros poetas. Tanto na obra ortônima como na diversificada obra heterônima, encontram-se expressões de um negativismo drástico. O heterônimo Álvaro de Campos escreveu: "Nada fui, nada sei e nada fiz." E ainda: "Fui como ervas, e não me arrancaram." Estamos todos condenados à derrota: "Viver é não conseguir." "Que é o mundo?" — o poeta se pergunta. E responde: "Uma ilusão vista e sentida."

Como falar de realismo para um poeta que acha que a realidade do mundo é ilusória? Como enxergar realismo na poesia de um autor que jamais considerou a possibilidade de superar a contemplação passiva de um mundo tão "vazio"? Para esse poeta, agir era suportar um sofrimento inadmissível. Não havia saída: nem o cristianismo, nem o socialismo, nem o comunismo lhe interessavam. O panorama não é nada animador para quem pretende descobrir o realismo na poesia de Fernando Pessoa.

Lukács nos convenceu de que toda grande arte é realista. E nós sabemos que a poesia de Fernando Pessoa é — indiscutivelmente — grande arte.

Os leitores se comovem com a exasperação do poeta, sabem que não teria sentido contra-argumentar, pois a poesia não é argumentativa. É claro que o mundo existe. O que é mais raro é revoltar-se tão radicalmente contra a deterioração ética do mundo, sobretudo no plano em que se movia a consciência crítica de Fernando Pessoa.

Talvez seja por aí que nos convém verificar a possibilidade de um realismo diferente do realismo de Balzac. Luiz Sérgio Henriques caracterizou com muita felicidade essa atitude: "Com Lukács, mas muito além de Lukács."

A polêmica hipótese de um realismo *sui generis* na poesia de Fernando Pessoa foi o ponto mais comentado do meu 25º livro: *As artes da palavra* (São Paulo, Boitempo, 2005).

a questão da ideologia

Entre os livros que escrevi e publiquei havia uma preocupação constante com alguns dos conceitos filosoficamente mais importantes de Marx: abordei o tema da alienação no meu primeiro livro publicado, *Marxismo e alienação*. Mais tarde, sob o impacto da derrocada da União Soviética, dediquei-me ao exame do conceito de práxis, em *O futuro da filosofia da práxis*.

Não devemos esquecer que, para Marx, nem toda prática é práxis. Existem atividades desenvolvidas por seres humanos que não precisam se submeter a reflexões dramáticas, e dependem de escolhas ou decisões que não estão jamais garantidas contra equívocos em geral.

À medida que foram sendo expostos os resultados precários do processo desencadeado na União Soviética, convenci-me de que era necessário reestudar os mecanismos da ideologia, que insistem em deformar as várias modalidades de conhecimento, para fazê-las falar e sustentar um pensamento solerte, interesseiro e malandro.

A ideologia, na concepção de Marx, mistura e confunde conquistas de vocação universal e marcas de um horizonte perverso que mistifica as verdades individuais proclamadas. A "verdade" imprescindível alcançada por meio da sensibilidade, da intuição, da percepção pessoal, precisa ser complementada, corrigida, enriquecida pela autodisciplina do pensamento na práxis. Quem subestima o desafio apresentado pela universalidade passa a não incorporar os elementos de "verdade" que estão no outro; então não se comunica mais, não dialoga.

Nas grandes construções de conhecimento, nas mais influentes correntes filosóficas dos dois últimos séculos, essa atitude se manifestou com surpreendente vigor. E houve também pensadores que defenderam mal a universalidade, aceitaram-na mesmo quando se tratava de uma universalidade oca, sem sangue, sem vida.

Não pretendi resolver os problemas que o conceito de ideologia apresenta na multiplicidade de seus usos contemporâneos. Percebi que, ao exagerar a confiabilidade ou a cientificidade das minhas críticas às construções teóricas do *outro*, paradoxalmente estarei possibilitando um contra-ataque de algum interlocutor liberal ou de algum hábil ideólogo conservador.

A ideologia criticando a ideologia pode se tornar mais ideológica do que a ideologia criticada.

Dei-me conta de que um intelectual de direita, se debruçando sobre algumas características dessa distorção ideológica, pode construir um conhecimento mais aberto, mais flexível, do que um pensamento de esquerda aprisionado por fórmulas dogmáticas.

Isso não é razão para que nós, da esquerda, desanimemos. Temos, afinal, uma vantagem muito significativa sobre os nossos rivais. Se estivermos bem preparados, conscientes de nossa responsabilidade, poderemos ir mais fundo do que eles.

No que se refere à dimensão crítica do nosso pensamento, a nossa perspectiva cobra mais implacavelmente dela mesma uma radicalidade, uma criticidade, que só episodicamente aparece entre conservadores e liberais inquietos.

Há autores, marxistas ou não, que aplaudem ideologias pretensamente progressistas. Entendo que Marx insistia numa utilização do conceito que sempre prejudicava aquilo que o conhecimento estava empenhado em construir. Para Marx, a ideologia é sempre algo que, sem deixar de pegar carona no conhecimento, nos dificulta o conhecer.

Sei que meu trabalho não resolve os problemas dos pesquisadores que lidam com os fenômenos ideológicos. Minha ambição é apenas ajudá-los a não se confundir, diante de um quadro tão impregnado de relativismo e tão pressionado por fetiches conservadores, como o que temos agora.

Na PUC, com Cristina.

o amor

O 27º livro é *Sobre o Amor* (São Paulo, Boitempo, 2007). Reuni e comentei as idéias de 23 autores — filósofos, políticos, cientistas, escritores —, procurando reconstituir o sentido que eles conferiam ao sentimento que costuma ser designado por essa palavra.

A diversidade de pontos de vista pode nos inquietar e até nos atordoar, mas é ela que nos possibilita manter a cabeça aberta para a assimilação do novo e para a aventura do conhecimento, que se refunda constantemente sem jamais se deixar dominar pelos dogmatismos, pelo enrijecimento ideológico.

O amor escapa a qualquer teoria e manifesta exigências e esperanças humanas que cada pessoa pode encontrar dentro dela mesma. No âmbito da vida privada e da independência das personalidades singulares, o amor é vivido como força propulsora, que condiciona os esforços que os indivíduos fazem para, ao se encontrar, conhecer a felicidade de uma superação do isolamento.

De certo modo, o amor nos desafia para que o usemos na vigilância e até mesmo no combate às formas de egoísmo que dificultam enormemente a acolhida do amor, quando ele chega.

Os 23 autores cujas opiniões sobre o amor eu selecionei expõem observações preciosas para quem procura conhecer melhor a atração generosa, que se manifesta na vida das pessoas e que pode servir para atenuar um pouco a dureza com que os seres humanos se atritam uns com os outros.

O cristianismo tem sido insistente na recomendação de que os indivíduos se entreguem ao amor. Freqüentemente essa recomendação tem assumido formas sentimentais inócuas. No entanto, é difícil negar que algumas expressões artísticas e literárias contribuíram para que, ao longo de 2 mil anos, a figura de Jesus Cristo tenha sido objeto de devoção.

Nada deve impedir que um marxista reconheça que o amor não é o pior ponto da doutrina cristã e da história da Igreja. Em todo caso, essa não é a minha praia. Minha intenção ao organizar e escrever o meu livro sobre o amor foi nos ajudar a refletir a respeito da importância das múltiplas formas do **querer bem** que as pessoas estão sempre inventando.

Passemos, então, à parte final deste meu livro de memórias. Falta-me abordar minha doença incurável e as homenagens que me têm sido feitas. O carinho consolador de tantas pessoas não pode, evidentemente, me curar, mas atenua os sofrimentos.

Luiza Konder Almeida Braga (irmã),

Leandro e Rodolfo Konder (irmão).

Com Rita Ribes, Béa Rezende,

Sonia Kramer e Maria Teresa Freitas

homenagens

Desde agosto de 1995, eu sabia que estava com o mal de Parkinson e que era uma doença incurável. Luiza, minha irmã, me levou a consultar um médico de Nova York, mas esse médico confirmou o diagnóstico do dr. José Marcelo Bezerra, o neurologista que havia sido indicado pelo médico da família, dr. Pedro Henrique de Paiva.

A partir daí, notei que foi se formando e se avolumando um movimento difuso, espontâneo e disperso, que procurava meios e ocasiões para expressar solidariedade a mim. Um marco desse movimento foi a VI Jornada de Ciências Sociais, ocorrida em Marília, São Paulo. Jornadas anteriores haviam sido consagradas às obras de Caio Prado Júnior, Antonio Candido, Florestan Fernandes e outros. E de repente a sexta jornada — realizada em outubro de 1998 — estava dedicada a mim. Fiquei, sem dúvida, muito emocionado. Ao mesmo tempo, bastante perplexo. A homenagem ia além dos meus méritos reais e eu tive medo de que um dia, no futuro, algum desafeto, de dedo em riste, me interpelasse: "Você foi conivente com aquela loucura!"

Algum tempo depois, dois dos organizadores do evento, Maria Orlanda Pinassi e Sérgio Lessa, publicaram em livro algumas das contribuições feitas à jornada, e Maria Orlanda deu ao livro o belo título de *Leandro Konder — a revanche da dialética*. Percebi que qualquer descuido meu acarretaria um inchaço no meu ego, uma onda de vaidade emburrecedora.

Falei aos colegas e aos estudantes que, para merecer o que tinham dito de bom a meu respeito, me dispunha a fazer um filme surrealista. O "roteiro" (uma cena tinha Stálin fumando maconha com o espectro do comunismo; em outra Gramsci caía do trapézio e com a queda desentortava a coluna vertebral, virava artista de cinema) provocou muita risada entre os jovens.

Com a prima Patsy e as amigas
Guida e Tanit Galdeano.

Com Yone (mãe), Cristina (esposa),
Eliomar Coelho (vereador).

Em maio de 1999, por proposta do vereador Eliomar Coelho, recebi a Medalha Pedro Ernesto, concedida pela Câmara Municipal do Rio de Janeiro. Por iniciativa de Emir Sader, o fórum da Uerj (Universidade do Estado do Rio de Janeiro) me concedeu a Medalha Darcy Ribeiro, em 2001.

Em 27 de novembro de 2002, fui incluído numa lista de pessoas agraciadas com a Medalha do Mérito Legislativo e, em Brasília, na presença do então presidente da República Fernando Henrique Cardoso, recebi a comenda. FHC, que não me via fazia muitos anos, emocionado de me ver doente, entortado, falou:

Milton Temer, padre Jesus Hortal,

Leandro, Alessandro Molon (deputado),

professora Menga Ludke e Luiz Paulo Conde.

— Fiquei muito comovido ao dar um abraço no Leandro, que eu não via há tanto tempo, e que nunca calou sua voz e manteve seus pontos de vista, nem sempre coincidentes com os meus, mas certamente de um homem digno, que defende com clareza suas posições de liberdade.

No final de 2002, alguns intelectuais consultados pelo caderno Idéias, do *Jornal do Brasil*, me escolheram como "o homem de idéias de 2002". Sérgio Paulo Rouanet me qualificou como "um intelectual cada vez mais marxista e cada vez mais livre" (*Jornal do Brasil*, 23/11/2002). Paulo Alberto, o Artur da Távola, escreveu: "Leandro Konder é um orgulho da minha sofrida geração." Em polêmica com o historiador marxista inglês Perry Anderson, José Sarney sustentou, impavidamente: "Temos no Brasil pensadores marxistas comparáveis com os melhores do mundo, como Leandro Konder" (*Jornal do Brasil*, 9/1/1997). Tive a sensação de que, como se dizia antigamente, estava chovendo demais na minha horta.

Mas ainda choveu mais. Por iniciativa do meu ex-aluno Alessandro Molon, da Assembléia do Estado do Rio de Janeiro, me foi concedida a Medalha Tiradentes, entregue em uma cerimônia realizada na PUC do Rio, em 15 de junho de 2004, na presença do reitor, padre Jesus Hortal.

Recebi também, em 27 de novembro de 2005, a medalha da Casa de Rui Barbosa.

A Unirio me prestou uma das homenagens mais tocantes. Em junho de 2006, pelas mãos dos professores Luciano Maia e Paulo Cavalcante, que mobilizaram colegas e alunos, com o apoio da reitora (professora Malvina Tuttman), editaram o belíssimo número 2 da revista *Chronos*, dedicado a mim e aos meus trabalhos.

a doença

Não pretendo dizer que todas as homenagens recebidas se deveram exclusivamente aos sentimentos de intelectuais de esquerda solidários com o colega atingido pela doença e maltratado pela escoliose (o desvio de coluna).

Percebi que as homenagens tinham forte motivação política. Como as posições tradicionais da esquerda estão desgastadas, seu pensamento está bastante confuso, os homens de esquerda procuram entre seus intelectuais aqueles que, nas circunstâncias atuais, são considerados mais devotados à causa do socialismo, aqueles que vêm dedicando a vida aos velhos ideais. Com as marcas do sacrifício feito em defesa dos princípios.

Por força das circunstâncias, tenho atualmente uma imagem adequada para merecer a expressão das expectativas da esquerda. Outras fossem as circunstâncias, e as homenagens poderiam estar sendo feitas a outros intelectuais cujos méritos com certeza não são menores do que os meus (Carlos Nelson Coutinho, por exemplo).

A doença afetou minhas atividades cotidianas. Tenho gastado mais tempo do que necessitava antes para tomar banho, para me vestir, para me servir de comida à mesa. E para digitar estas palavras que os leitores estarão lendo agora.

Leandro com Bárbara Freitag e Sergio Paulo Rouanet.

Brasília, 5 de novembro de 1991.

A voz às vezes é emitida com alguma dificuldade, mas um microfone resolve esse problema. Caminhadas de mais de cem metros se tornam excursões exaustivas. Ficar de pé durante mais de três ou quatro minutos é extremamente cansativo. Levantar-me de uma poltrona, depois de ter estado sentado nela durante algum tempo, pode apresentar dificuldades. A escrita se modificou, as letras ficaram bem menores (o fenômeno se chama micrografia).

O maior transtorno é o criado pela escoliose. Desde 2001, os músculos que sustentavam a coluna vertebral foram atingidos pelo mal de Parkinson e, enfraquecidos, não conseguem mais me manter em pé, numa posição efetivamente vertical. Fico torto, vergado para o lado direito.

Além da assistência do dr. Bezerra, do dr. Pedro Henrique e das fisioterapeutas, venho tendo o apoio do dr. Aloysio Campos da Paz e da dra. Lucinha Villadino Braga, no Hospital Sarah, de Brasília. As fisioterapeutas se tornaram minhas amigas: Flávia, Carminha, Sérgia, Soraia e Andréa Monteiro têm me ajudado bastante.

E insisto em continuar trabalhando, alimentando projetos, realizando pesquisas, escrevendo, dando aulas. Para persistir nessa linha de resistência, tenho contado e pretendo continuar a contar com o apoio mais importante que me está sendo dado por toda a minha família, por meus filhos — Marcela e Caíto —, por meus irmãos, por meus amigos e — especialmente — por minha mulher.

trabalho

Venho dando aulas há muito tempo, dois cursos por semestre, um na graduação, outro na pós-graduação. Era assim na UFF, foi assim — até 2006 — na PUC. Agora, mudou: colegas (Creso, Sônia, Rosália, Zaia, Rosina, Alicia, Ralph, Waleska, Inês, Apparecida, Menga, Carmelo, Tânia) me disseram que eu devia me "poupar", e eu fui afastado da graduação. Aliviaram-me de uma tarefa cansativa, sou-lhes grato, porém sinto falta das turmas de graduação.

Cada turma tem suas características peculiares, o que constitui um desafio para o professor que insiste em dialogar com os alunos. Dar aulas é inventar novas maneiras de sintonizar na onda do interlocutor para lhe transmitir conhecimentos, convicções, princípios, valores.

Nos anos recentes, intensifiquei a atividade jornalística. Fui colaborador de *O Globo*, com artigos quinzenais publicados de 10 de maio de 1992 até 19 de maio de 2002 (ao todo, 261 artigos). Tornei-me colaborador do *Jornal do Brasil*, com artigos semanais, desde 22 de junho de 2002 até julho de 2004, num total de 105 artigos. Retomei a colaboração no caderno Idéias, em 2005, que mantenho ainda hoje (2008).

Também escrevi nos anos recentes alguns ensaios para revistas acadêmicas: "Paul Celan e sua "fuga", publicado na revista *Sociologia* (nº 11), da Unesp, campus de Marília; e "Nicolau de Cusa", publicado na revista *Alceu* (nº 4), da PUC do Rio. A publicação do artigo sobre Nicolau de Cusa me deu uma imensa alegria; me senti feliz de resgatar de um isolamento completamente injustificável as idéias desse pensador do século XV, gênio da dialética, que Hegel e Marx, ao que tudo indica, ignoraram.

Tenho reagido contra a doença, me empenhando no trabalho. E o trabalho de um professor de pós-graduação não se limita a preparar as aulas e dá-las; inclui a pesquisa, o esforço constante de atualização, bem como a orientação dos alunos.

Orientei, desde 1987, 34 doutorandos e mestrandos que concluíram com êxito suas dissertações e teses de doutorado. Como argüidor, participei de 108 bancas examinadoras. Como todo professor, eu me repito. Tomo cuidado, porém, para não ser excessivamente repetitivo. E, mesmo velhote, sou capaz de me aventurar em cursos acentuadamente novos. Em 2003, por exemplo, dei um curso que nunca tinha dado antes: em colaboração com minha amiga Rosália Maria Duarte, dei um curso sobre livros de ficção e filmes de cinema, no século XX, relacionados com questões da educação.

Também começo a introduzir poemas no trabalho que realizamos para tentar refletir sobre a educação, pensando-a historicamente. "Pensar historicamente", aliás, é o nosso maior desafio. Numa primeira impressão, parece fácil. Mas exige uma reflexão crítica e autocrítica vigorosa.

Para aliviar a tensão, para atenuar a seriedade exagerada, permito-me contar casos engraçados, brincar um pouco. Em alguns momentos, tive necessidade de muito senso de humor. Descobri, uma vez, que nenhum dos alunos de determinada turma de graduação sabia quem foi Mussolini. Insisti na pergunta sobre o criador do fascismo e alguém indagou:

— É um ditador barbudo?

Em outra turma, falando sobre a arte do Renascimento, citei Leonardo. Uma aluna falou:

— Tem também Rafael, Michelangelo e Donatello.

Dei-lhe os parabéns e perguntei como ela tinha entrado em contato com os gênios renascentistas. Ela esclareceu: eram os nomes das *Tartarugas Ninjas*, filmezinho infantil da televisão.

Tenho vontade de escrever um ensaio sobre o *humor.*

política

Evito passar para os alunos a impressão de que desprezo a ignorância deles. Prefiro apontar alternativas para o sistema que os conduz à ignorância. Do jeito que estão as coisas, as batalhas decisivas da guerra da educação estão sendo travadas na mídia.

Há toda uma nova cultura sendo esboçada, com suas próprias possibilidades, e nela os alunos não se saem mal. O que prejudica os jovens não é propriamente o fato de desconhecerem os "clássicos", verem muito televisão, se deixarem absorver pela música pop: é o fato de se sentirem dispensados de se abrir para toda a riqueza da diversidade das culturas.

"Tenho medo do homem de um livro só", dizia santo Tomás de Aquino. A realidade humana é infinita, os homens a estão permanentemente inventando. Por mais maravilhosos que sejam, a *Bíblia*, o *Corão*, os livros de Platão e Aristóteles, a *Crítica da razão pura* (Kant), *A fenomenologia do espírito* (Hegel) e *O Capital* (Marx) são insuficientes para nos fazer conhecer tudo.

Antonio Gramsci me convenceu de que o ponto de vista mais avançado tem que ser, também, o mais abrangente. Por isso, me empenhei em preservar a construção do conhecimento numa vigilância crítica dos ímpetos políticos propagandísticos. Estimulei nos alunos a atenção a possíveis elementos fecundos nas objeções constantes da argumentação conservadora.

As contradições histórico-políticas não podem ser sempre resolvidas em discussões científicas. Pressupostos do pensamento de direita estão profundamente enraizados na perspectiva conservadora. Os princípios da esquerda não podem ser abandonados sem que ela perca sua identidade. E foi essa identidade de esquerda bem definida que me cativou na figura da senadora Heloisa Helena e no partido que ela começou a criar: o PSOL. Sou um dos 101 fundadores do Partido Socialismo e Liberdade.

Acredito firmemente que a liberdade para todos depende de certa paridade nas condições sociais, econômicas e culturais asseguradas às pessoas. Se prevalecem condições privilegiadas (de concentração de poder e riqueza para uns, em detrimento de pobreza e ignorância para outros), a liberdade se degrada.

Estou convencido, igualmente, de que a luta permanente pela democratização da sociedade depende da participação ampliada, do aumento da participação dos explorados no combate à exploração e do aumento da participação dos oprimidos no combate à opressão.

Tenho procurado seguir essa linha, porém suspeito que não tenho acertado muito. Acumulei derrotas. Permaneci no PCB de 1951 até 1982, travei a luta interna, porém me dei conta de que perdi. Nesse nosso tempo de pragmatismo extremado, estou longe de ser um *winner*. De fato, sou um *loser*.

Contudo, valeu a pena ter brigado por coisas nas quais eu acreditava, mesmo que o preço fosse o fracasso. A ética me consolou nas derrotas políticas. E eu sempre me lembrava de que, afinal (mal comparando), Antonio Gramsci e Walter Benjamin também foram *losers*.

O conceito que cada *loser* faz de si mesmo depende da avaliação

Milton Temer, Carlos Nelson Coutinho
e Leandro Konder.

que ele faz do que pretende fazer. Se não pretende fazer nada, já está objetivamente acumpliciado com os *winners*.

Os gregos chamavam isso de uma concepção agonística da vida. Dentro de seus limites, cada um de nós tem que lutar, tem que travar seu combate (*agon*) até se defrontar com o inimigo invencível (a morte). Nesse estágio final, o combate se transforma em *agonia*.

O falecimento de minha mãe, no dia 4 de julho de 2004, sublinhou dolorosamente para mim a necessidade de pensarmos a vida e a morte articuladamente, como dimensões mutuamente imbricadas. Se não podemos vencer a morte, ao menos podemos tentar tornar a vida, a seu modo, um movimento da humanidade, tão invencível quanto a morte. Não podemos renunciar ao direito e ao dever de lutar pelas melhores formas de qualidade de vida para todos. Partindo do reconhecimento necessário dos limites que a morte nos impõe, como indivíduos, somos desafiados a assumir nosso compromisso com a vida, com o gênero humano. Para enfrentar esse desafio, precisamos de maior disponibilidade para curtir a vida, tanto em sua dimensão de experiência pessoal (singular-universal) vivida, como em sua dimensão de experiência coletiva (social-universal).

Como dizia o poeta Dante Alighieri, "*La via è lunga, e il cammino è malvaggio*" (o percurso é longo e o caminho é cruel) (*Divina commedia*, "Inferno", 334, 95). Mas nós, os caminhantes, enxergamos indícios de que podemos fazer a caminhada.

Um impulso positivo à luta pela vida, pela qualidade de vida, vem do humor e da solidariedade. Poder curtir a companhia dos amigos, rir com eles das coisas engraçadas, abraçá-los com emoção, é algo que ajuda bastante.

O cineasta Zelito Viana e sua mulher, Vera de Paula, em 2004, passaram a reunir mensalmente, para um almoço, velhos comunistas e ex-comunistas cujos caminhos se cruzaram no passado. Foi uma iniciativa ousada, porque as opções políticas e os caminhos trilhados eram muito diversos.

As reuniões poderiam ter resultado em intermináveis discussões estéreis. Os participantes dos almoços, entretanto, por uma espécie de pacto implícito, evitaram discutir sobre as divergências, divertiram-se com os encontros, derramaram afeto uns sobre os outros. Teresa Ottoni fez um jornalzinho artesanal sobre os almoços. Autodesignados como "os comuníadas" — comunas herdeiros dos Lusíadas — mereceram versinhos cômicos (ver anexo). Armênio Guedes (90 anos!) e Cecília, Luiz Gazzaneo (80 anos!), Carlos Nelson e Andréa, Temer e Rosane, Milton Coelho e Leda, Rogério Senador e Ana Lúcia Kurtz, Sérgio

Cabral e Magali, Ferreira Gullar e Cláudia Ahimsa, Marcello Cerqueira, Jacob e Pietra, Guguta, Henrique Caban e Márcia, Cris e eu.

Iniciativas como essa, postas em prática com delicadeza, ajudam a gente a se reanimar. Os vínculos do afeto são poderosos. O clima alegre tem a ver com o exercício da indulgência. Se consigo ser indulgente com as pessoas de quem eu gosto, contribuo para aumentar as chances de que elas venham a ser indulgentes comigo.

Alguns dos Comuníadas: Milton Temer, Marcello Cerqueira, Leandro Konder, Paulo Alberto Monteiro de Barros, Rogério "senador", Zelito Vianna (agachado), Luiz Gazzaneo, Armenio Guedes e Carlos Nelson Coutinho.

anexos

o lutador

O lutador
Investe
Contra o oponente
Leva um soco
— peste! –
Sente a dor
(um pouco)
e perde um dente.

O lutador
insiste
(o olho triste
sem cor
pisca).
A mão avança
e arrisca
um cruzado de esquerda.

Poema inspirado na surra levada na adolescência e na frase: “Chega ou quer mais?”.

Pura perda.
O adversário
— salafrário! –
desvia
dança
faz que vai
não vai
E sorrindo feliz
martela-lhe o nariz
O lutador cai

!!! &&& ???

O lutador levanta,
limpa o rosto no braço,
o pigarro na garganta,
dá um passo à frente
e ataca novamente.
Mas falha:
O inimigo
— canalha! –
se esquiva
ao perigo
e passa à ofensiva.
Consegue rodeá-lo
e golpeá-lo
no rim.

O round chega ao fim,
começa o intervalo.

O lutador
Duro,
desafiador
(o claro olhar escuro
de Ezra Pound)
pergunta ao contendor:
— Agüentas outro round?

a verdade

A verdade mora
numa casa antiga
de uma rua estreita;

de dia ela chora
de tarde nem liga
de noite se enfeita.
Então, vai à luta;
bebe muito, escuta
bobagens sem fim.

Insiste inda assim
muito seriamente
em dançar do seu jeito,

quase com respeito
por quem a assedia.
Nunca perde o viço

porém esclarece
a quem já comece
a querer namorá-la

que, rainha da sala,
não tem compromisso.

Poema, dedicado a Cristina,
publicado no caderno de cultura
da *Folha de S. Paulo*.

nosso time

Nosso time não se importa
com essa lógica torta
do capital, do mercado,
que em tudo coloca preço.
Nós viramos pelo avesso
esse sistema danado:
jogamos para perder.

Nosso zagueiro se encontra
atrás do gol, esperando
pra tentar fazer gol contra.
Milton Temer, beque irado,
desafeto consumado
do técnico Lula, o Brando.

Também zagueiro é o Zelito,
não quer saber da partida,
só quer filmar a torcida.

No meio-campo, o Carlito
dá uma breve corridinha,
faz um sorriso de craque,
cansado, senta na grama,
depois deita e logo chama:
"Andreinha" Andreinha!".
Pede a ela um bom conhaque.

Poema sobre os "comuníadas" (comunistas herdeiros dos Lusíadas), que se reúnem na casa de Zelito Viana.

Nosso altivo centroavante
de oratória fulminante,
agora sem bigodeira,
mestre Marcello Cerqueira
já trocou sua chuteira
por uma obra de arte,

sapatos de Ânfrei Bogarte.
guarda a bola com carinho,
não lhe dá nem um chutinho,
senão, estraga o calçado.

Na extrema esquerda, aparece
... um radical furibundo?...
Não, que a gente não merece.
Vamos olhá-lo de perto.
É o nosso Paulo Alberto!
O Artur da Távola, gente!
Ele é o último expoente
da velha e digna escola
do humanismo à Mello e Souza.
Por isso, respeita a bola
e chutá-la ele não ousa.

Depois, vem o apoiador,
a veneranda figura,
do Rogério Senador.
Apóia o quê? Na verdade
não se sabe. E ele jura
que apóia a humanidade.

Nosso goleiro é quem arca
com as tarefas do mando,
do comando desse bando
é o famoso patriarca
da estirpe dos Gazzaneos.
Os ítalo-alagoanos,
visitam todos os anos
o logo abaixo de Deus,
O poderoso chefinho.
Todos lhe beijam a mão.
No gol, ele com jeitinho
Desvia-se do chutão
Do adversário mesquinho.
A bola entra e é GOOOL!
E ele faz que nem notou.

Nosso time de esculacho
Despenca ladeira abaixo,
Porém gosta do declive

E, alegre, ele sobrevive.

Quando veio a burguesia,
O velho Kant se pôs a filosofar
E chegou um belo dia a elaborar
O seu idealismo racional
Onde a gnoseologia não juntava com a moral.
Mesmo sendo uma tremenda antinomia,
Fez-se um progresso na Filosofia.

O proletariado não quer
Perder de vista essa lição:
Da experiência do idealismo
Clássico alemão.

Hegel foi quem resolveu esse problema
Uniu a lógica e a história
Numa grande ontologia
Que foi sua glória
Ao seu idealismo genial,
Dinâmico e totalizante
Mais profundo que o de Kant,
Só faltava a dimensão materialista
Que lhe daria a práquesis marquesista.

O proletariado não quer
Perder de vista essa lição:
Da experiência do idealismo
Clássico alemão.

Letra do samba enredo composto em dezembro de 1968 por Carlos Nelson Coutinho e Leandro Konder, sob o impacto do AI-5.

Este livro foi composto com a tipografia Swift
em corpo 10,3 e entrelinha 18.
Impresso em papel off-set 90g/m²
na gráfica Markgraph.